フリースクールが「教育」を変える

Okuchi Keiko
奥地圭子

東京シューレ出版
Tokyo Shure Publishing

はじめに

　タイミングとは不思議なもので、うまく重なる時もあれば、なぜこうタイミングがずれるの、という時もあります。この本の刊行は二〇一五年七月十二日、東京シューレ三十周年祭の日を予定しています。

　東京シューレは学校制度外の子どもの居場所・フリースクールとして、一九八五年に開設しました。フリースクールは、以前の日本社会には無かったものですが、不登校の激増とともに必要となり、今では数百のフリースクールがあると言われています。フリースクールに来る子どもたちは、学校には行かない、行けない状況にもかかわらず、フリースクールへは自らの意思でやって来て、楽しくのびのびと過ごすようになり、やがてさまざまに自立していきます。不安や緊張でいっぱいの子どもが、笑顔を見せるようになり、生き生きとやりたい活動をしたり、自分らしい生き方を見つけていく姿には感動させられ、また、フリースクールをやってきてよかった、と思う瞬間を味わいます。

　しかし、フリースクールは学校ではありませんから、公的支援もなければ、正式な卒業資格も出せません。いじめで学校に行かなくなって、フリースクールを活用しても、親の就学義務があるため、学校に籍をおいたままで、卒業・進級はもとの学校長に裁量権があっていやな思いをしたり、無償のはずの小中学生でも、フリースクールにかかる費用は、保護者が負担するしかありません。そこで不登校やフリースクール関係者は、子どもが通学定期を使えることや、公的支援を財政的にも受けること、二重籍を解消するため育ったところで卒業資格が出ること、などなどを求めて、以前から国会議員や文科省にも訴えてきました。

東京シューレ開設三十年目に入った昨年六月から、変化がいろいろ出てきました。九月、安倍総理が現場視察に来られ、「学びや育ちはいろいろだと思う。フリースクールへの支援を国として検討する」と表明されました。それ以来、国のフリースクールフォーラムが開催されたり、有識者会議が開かれてきました。私たちの働きかけでできた「超党派フリースクール等議員連盟」は、二〇一四年六月に再結成されましたが、一年後の今年六月には、「多様な教育機会確保法」の試案が提案され、もしかしたら今国会で成立するかもしれない、という段階まできました。

冒頭で、タイミングと申し上げたのは、この本が東京シューレの三十周年と、学校以外の学び場を正規に認め、新しいしくみが誕生するであろう国の動きと重なったタイミングに刊行できることです。もっとも、三十周年と国の変化は単なるタイミングでなく、三十年が引き寄せた結果でもあるかな、と思います。しくみが大きく変わるには、時間がかかるのです。

さて、この本の主旨として、フリースクールをあまりご存知ない方にも、フリースクールとは何なのか、そこは不登校の子が来ているというが、不登校をどうとらえたらいいのか、を知っていただきたい、そして、フリースクールなど多様な学びが選べるとはどういうことなのか、を考えていただく機会にしていただければと願っています。

なお本書は、以前ジャパンマシニスト社発行の「おそい・はやい」（三十一号・二〇〇六年五月刊行〜五十七号・二〇一〇年九月刊行）に連載していた原稿の一部を使用させていただいていますが、構成は次のようになっています。

第1章　東京シューレに総理の視察があるという歴史的な日のこと、フリースクールを取りまく変化の様子。（書き下ろし）

第2章　そもそもフリースクールはどのように誕生し、どう三十年を歩いてきたのか。（「おそい・はやい」の原稿を修正・加筆）

第3章　私自身が登校拒否をどうとらえ、何を学び、フリースクールにつながったのか。（「おそい・はやい」の原稿を修正・加筆）

第４章　私の考え方に大きく影響を与えられた児童精神科医の渡辺位さんから何を学んだか。（書き下ろし）

第５章　私の学校での教師経験、不登校の子どもと創る私立中学校の校長の経験から、学校ではどうしてきたか。（前半、私の教師時代は「おそい・はやい」の原稿を修正、後半は書き下ろし）

終　章　実際のところ、学校教育のみでなく学校以外も認めようとする国のしくみの変化は今どこまできているのか、その課題は何か。（書き下ろし）

このように編集されていますが、どこから読んでいただいてもけっこうです。一章と終章は、時間の流れはつながっていることですから、つなげて読んでいただくとわかりやすいかもしれません。

この本は、どちらかというと、今変化の時にあってももう一度原点をみる大切さを感じ、不登校をどう考え、教育をどう考えるか、親・子どもや人間をどう考えるかの原点に立ち戻ってもいます。

この本の刊行にあたって、私は非常に多忙で、時間を割くのが困難な状況にありましたが、出版スタッフが根気よく私の原稿を整理・編集して、刊行にこぎつけることができました。入力のシューレ中学OB・鈴木雄大さん、DTP制作のシューレ大学・髙橋貞恩さん、編集の小野利和さんに、ここに厚く御礼申し上げます。

二〇一五年七月十二日　東京シューレ三十周年祭の日に

学校法人東京シューレ葛飾中学校校長

奥地　圭子

目次

第2章 フリースクール・東京シューレの誕生 55

第3章 登校拒否から見えてきたこと 89

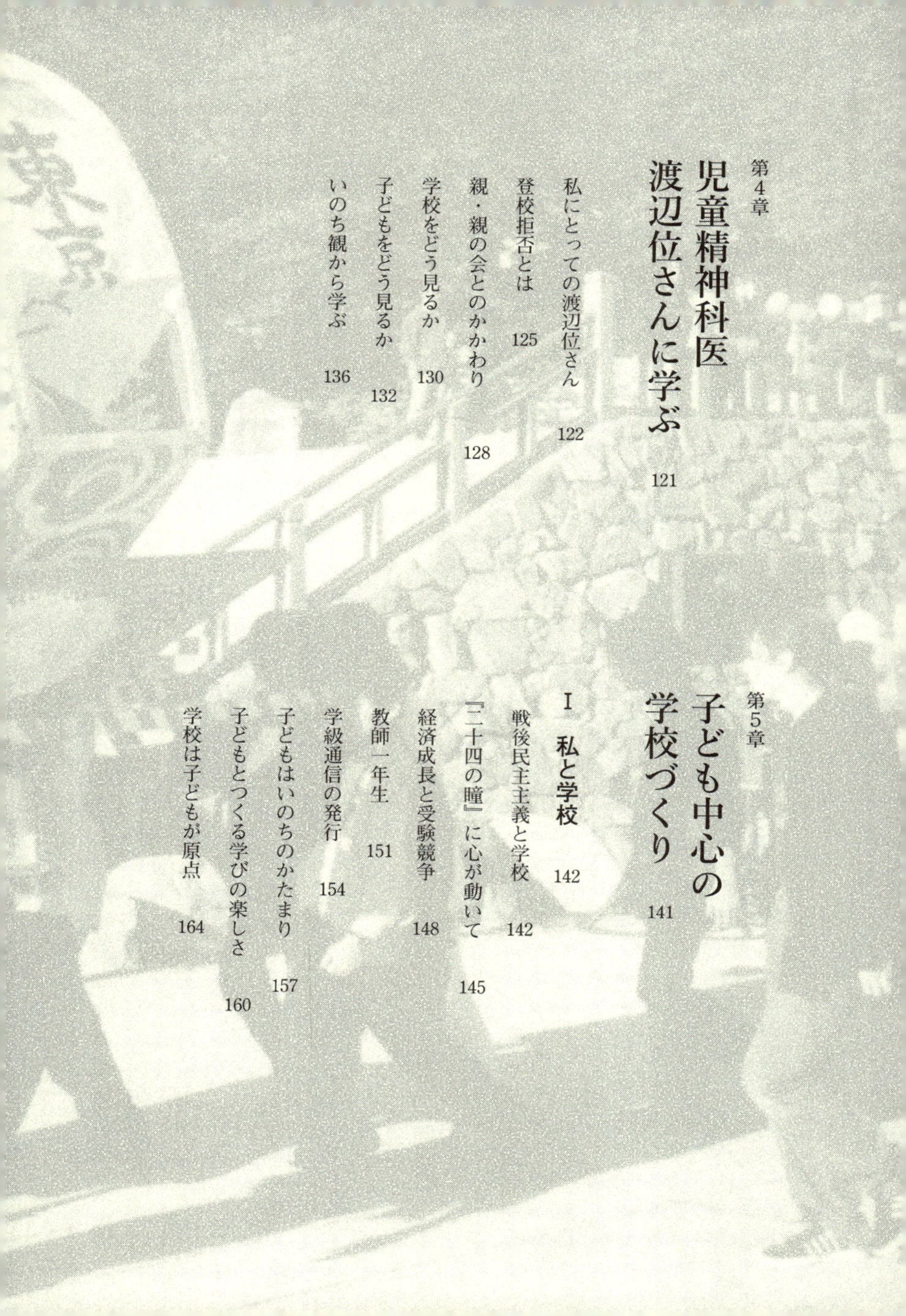

第4章 児童精神科医 渡辺位さんに学ぶ 121

第5章 子ども中心の学校づくり 141

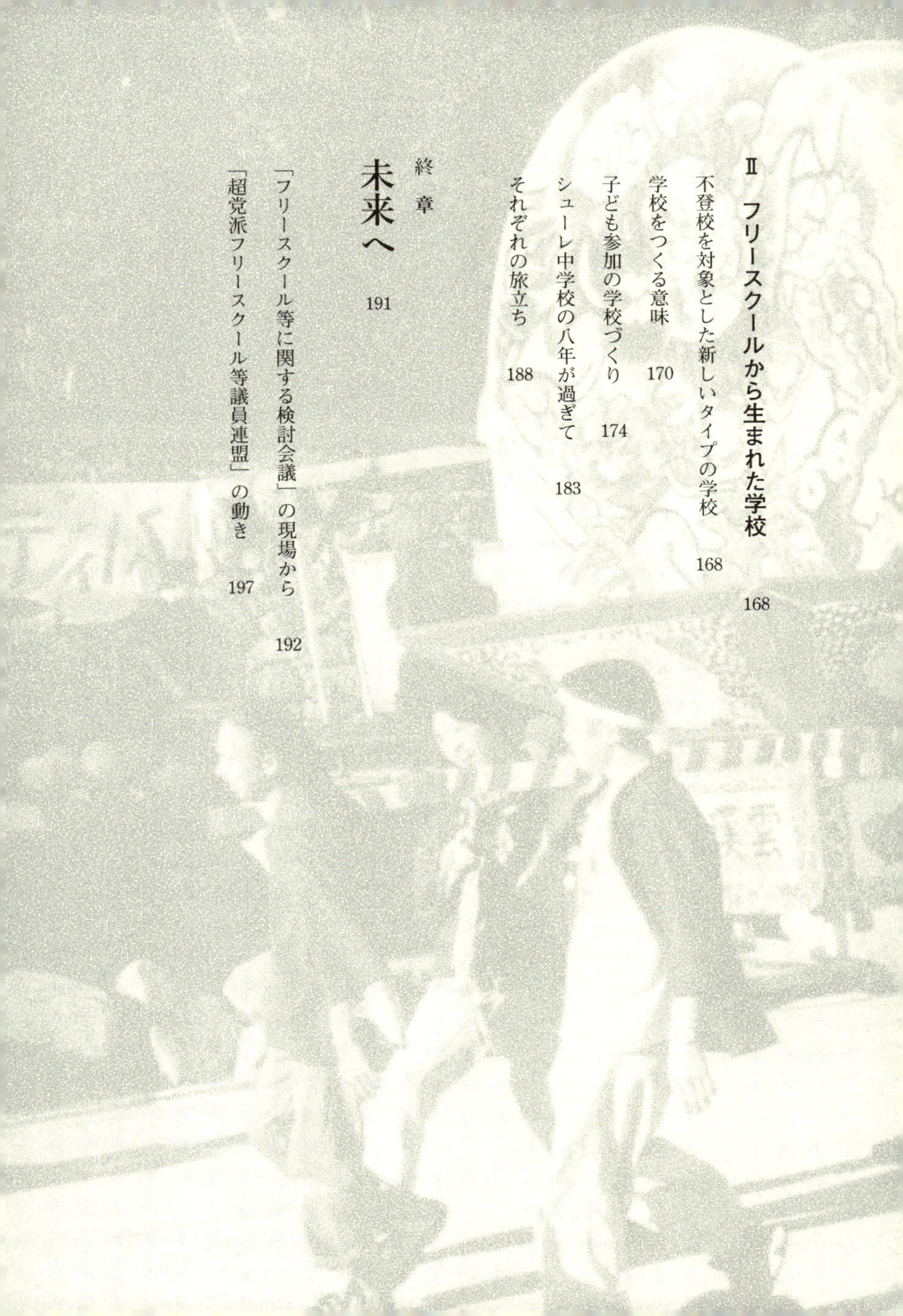

第1章

総理が東京シューレにやってきた

総理大臣の視察

二〇一四年九月十日。私の手帳には「三時半〜四時、総理視察」とあります。たった三十分、いや実際は三十五分でしたが、その影響は大きいものがありました。

東京シューレは一九八五年に開設したフリースクールです。この年は三十年目に入っていました。三十年間、ずいぶん驚くことがありましたが、総理が来られると聞いた時は、最もびっくりしました。

その報は、文科省からの一本の電話で始まりました。もっとも、最初は「政府高官が視察したい」と言われましたので、総理とは思いませんでした。夏休みも、もうすぐ終わろうとする八月下旬のことです。

日程は九月十日である、と告げられました。目的を尋ねると「フリースクールの現場視察」とのこと。それだけの情報の時は「えっ、何かまずいことやったかな?」とちょっとこわいものがありました。視察という言葉は、「視て察する」ということであって、いいも悪いもないのですが…。

話しているうちに、「国がフリースクール支援を検討しようとしている」ということがわかってきました。現場を知らなければ、支援の検討も始められないし、そもそも支援した方がいいかどうかもわからないゆえに、見に来るということになったのだとわかった時、それはすばらしいと思いました。

政府高官が誰であれ、ここで育っている子どもたちがいること、充分育つ場になっていること、でも親もスタッフも大変な状況のなかで維持していること、国の応援がほしいことも知ってもらいたいと思いました。

承諾したら、すぐに毎日のように打ち合わせがあって、いろんな人がシューレにやって来ました。まず文科省の若手から上司までの十人ほどの人たちが、二時間くらい、フリースクールはどんな場であり、どんな子たちを受け入れ、どんな学習や成長支援をするところか、進路は？　運営は？　などと細かなことまで、しっかり調べていきました。最後に、視察の際、子どもたちを傷つけないために、言葉づかいで気をつける点は何かまで聞いていきました。

その後、文科省の別の人たちは、会場配置や動線をどうするかだけでも来ました。内閣府や秘書室SP、警察、報道担当など、いろんな人が訪ねてきました。

東京シューレ王子の建物は、小さな丸い形の五階建てのビルで、各階に一部屋と台所と洗面所がある間取りになっています。タイムテーブルを担当している人から、「奥地先生が、安倍総理の左なめうしろで案内して下さい」と言われ、「すぐうしろはSPです」「何階には何分いて」「その後何階にご案内下さい」と実に細かく指示がありました。

当日のプログラム（時間割）を聞かれ、ちょうど打楽器講座があると知ると、「子どもといっしょに演奏させてもらいたい」「ついてはどんな楽器を使っているか見せてほしい」と言われました。ドラム、カホン、ポリバケツにガムテープを貼ったもの、いろいろな楽器のなかで練習なしでもできそうなのは、タンバリンだろうということになりました。「子どもや卒業生とも懇談したい」という要望があり、OB、OG一人ずつの参加をお願いして、その日に備えました。

当日のための掃除も大変でした。靴箱はふだんでもいっぱいなのに、お付きの人が五十人も来られるのではどうしよう、です。「お子さんに迷惑をできるだけかけないでやりたい」という文科省の希望にそって、いろいろと相談が続きました。

九月十日、東京シューレの周辺は、背広姿の人々とマスコミとすぐわかる人たちでいっぱいでした。近所の人はびっくりしたようです。

マスコミも警察も建物の内と外と、半分ずつに入館が制限されました。そして、四階は総理と懇談のための会場となったので、子どもたちは三階と五階にいることになりました。

「ただ今、首相官邸を出発されました」「あと五分で到着します」と秘書に連絡が入ります。車は六台が伴走しているということです。

「まもなく」とのことで、私は玄関外でお迎えのため立ちました。道路には人がいっぱいで、やはり総理視察って大事《おおごと》なんだと思いました。

やがて総理が乗った黒ぬりの車が到着、いつもテレビで見ている安倍総理が降車、ツカツカと近寄って来ました。「ずいぶんと大きな人」が第一印象です。

総理と子どもたちの懇談

ごあいさつして、すぐ打ち合わせ通り三階へ向かいました。三階のドアを開けると、子どもたちでいっぱいです。ここではゲーム、そこではお絵かき、ここではおしゃべり、実行委員会の仕事をやっている子どもなど、いつも通りの風景です。

安倍さんに気が付く子もいれば、気が付かない子もいます。

「それぞれやりたいことをやっているんですね」

話しながら、およそ二分の視察です。「次へどうぞ」と言う役は私になっています。

不登校新聞社提供

四階は文科省の方々の手で、机が口の字に並び、入り口側に私とシューレスタッフ、事務局長、向い側に総理と秘書、文科省の人たちです。まず、私から資料を使いながら簡単にシューレの成り立ちや現在の活動や時間割、子ども中心に創っていることなどを説明したあと、総理からは「いじめにあった子がどうしているか」など、いくつかの質問がありました。

次に五階へ案内して、打楽器講座の様子を見学しました。一曲終わったところで、「僕もいいですか」と総理が子どもたちの中に入りましたが、練習なしですから、タンバリンを打つ箇所がわかりません。隣の男の子が「そこは打たない」と、総理の腕を背広の上から押さえて、言葉を発せず教えていました。それが二度あったことで逆に雰囲気がやわらぎ、すぐ慣れて演奏がうまくいきました。総理は「みんなでリズムを合わせるのは楽しいが、政治の現場でリズムを合わせるのはむずかしい」と冗談を言って、子どもの笑いを

誘っていました。

講師を務めていたのが、元ブルーハーツのドラマーの梶原さんで、終了した時、シューレを手伝っている経緯を話して、「ぜひ公的支援をお願いします。」と言って下さいました。それから また四階へ案内しました。五階に行っている間に机が片付けられ、イスに座って総理と子ども、OB、OG、司会者、私で懇談となりました。ここでは総理の質問に、子どもたちはありのままの自分を出していました。参加したのは次の三人です。

・寺村 恵理加　十六歳。中三で転校きっかけに不登校。シューレ現役。
・本田 真　陸　十九歳。学校の体罰が原因で不登校。中三から高三までシューレ。今大学生。
・彦田 来留未　二十二歳。転校先の小学校でなじめず、自分が自分でいられなくなる気がして行けなくなった。十一歳〜二十歳までシューレ。現在、福祉団体で働く。

安倍総理　学校とここはどんなところが違うと感じますか？

彦　　田　ひとつは自分たちでルールやプログラムを決めていけることだと思います。私は家で過ごす時間も多かったのですが、家で過ごせたことがよかったと思います。

安倍総理　東京シューレはどんなところがよかったですか。

彦　田　自分を取り戻せたことです。

本　田　学校では教師が絶対で、間違っていると思っても絶対だったし、体罰もありました。シューレでは一人の人間としてお互いに付き合うことができるし、大人の意見にも反対できるのが違うなと思いました。

寺　村　学校に行っている時は、周囲の目がすごくこわくて、恐れながらも行っていたんですけど、シューレではそういう目で見られないし、安心していられる場だなと思いました。

安倍総理　同じ経験を持った人がいる、仲間だから、ということで相談しやすいというのはありますか。

彦　田　同じ経験をしている人がいるのもそうですが、いろんな年齢の人がいっしょになっているので、そこもいいところです。

寺　村　私の場合は、家族にも不登校のことは話すのがつらかったんですが、東京シューレではみんな同じ経験をしているので、つらい気持ちになることなく、話せるのがよかったです。

本　田　不登校していると家で一人なので、悩みを持っている人に出会えたのはよかったと思います。

安倍総理　ご両親にも言えないことがあると思うので、仲間、同じ経験を持つ人との出会いは大事だと思います。また、おそらくみなさんはご両親がこの場を知ったのだと思いますが、そういう意味ではよかったと思います。こういう場の存在を早く知ること、生き方、学び方はさまざまでいろんな道があるんだということを、多くの人に知ってもらうことが大切だと思います。

そういう意味では今日は短い時間ですが、みなさんのお話を聞くことができました。今日、みなさんがお話ししたことは、社会の在り方を変えていくきっかけになることですし、いま悩んでいる人に勇気やチャンスを与えることだと思います。

みなさんは、ここを巣立ってからの夢はありますか?

本田　自分のルーツはアフリカにもあるので、アフリカに行きたいですね。特に、チャンスのない子にかかわれるような仕事をしたいと思っています。

寺　村　私は小さい頃から音楽が好きなので、歌手になれたらいいなと思っています。

彦　田　私も音楽やアートが好きなので、そこにかかわりながら、不登校していても大人になれることを多くの人に伝えていければいいな、と思っています。今おっしゃっていただいたように、いろんな学び方、生き方があることを伝えていきたいと思います。

安倍総理　今年一月にアフリカのモザンピークなどに行きましたが、たくさんの若い日本人、海外青年協力隊に会いました。（本田さんに）ぜひ行ってもらいたいと思います。（寺村さんに）歌は作られていますか？

寺　村　これから作っていきたいと思います。

とてもいい話し合いだったと思います。時間はこれでいっぱいでしたが、三十五分間の短い視察のなかでとれた精いっぱいの貴重な懇談会でした。

生き方、学び方はさまざま

このあと、五階で記者会見となりました。

記　者　本日はフリースクールの視察をなさいましたが、まず、そのねらいについてお聞かせください。またフリースクールには施設、保護者への経済的支援がないなど、課題がさまざまありますが、政府としてはどのように考えられているでしょうか？

安倍総理　まず、子どもたちがいじめなどにより学校に行けなくなっている、そういう状況から目を背けてはならないと思います。すでにいじめ対策等については、教育再生実行会議では提言をまとめたところではありますが、不登校の子どもたちにとっては、東京シューレのような場を含めたさまざまな学びの場があり、そこで育っている子どもたちが、不登校の経験を活かしながらも、夢を持って生きていることを伝えていきたいですし、学び方、生き方がさまざまなんだということを、われわれは受けとめながら対応をしていくことが大切だと思います。そうしたなかで教育再生実行会議の報告書を受けて、学習面、経済面でどういう支援ができるかについては、文部科学大臣に提示をしたいと思っています。

子どもとの懇談や記者会見の発言から、本当に変わろうとしているんだと実感ができました。この日午前中に、総理の視察があると知った人から、「なぜ視察を受けるのか、ポーズに決まっている」とか「政治に巻き込まれている」「利用されている」などの声もありました。しかし、直接に会ってみるとわかることがあります。

「学び方、生き方はいろいろだ」ということを、一国の首相が、子どもたちの前で、あるいは記者会見で語ること自体がすごいことなのだと私は思いました。エレベーターで一階まで送り、玄関で靴を履かれたあと、お付きのみなさんがサーッと車の方や道の側に動いて遠まき状態になり、一瞬総理と私だけになりました。

「今日はありがとうございました」とあいさつすると、総理が手を出され、握手しながら話されました。

「こういうところがあるということを、僕はあまり知らなかったんです。今回来れてよかった。感動しました。ご苦労もあると思うけど、子どものためにがんばって下さい。国がちゃんと応援していくようにします」

その言葉は、本当にご自身が感じたことを述べられていると思いました。そして足早に車の方に歩いて行かれ、私たちは車列が動き出すのを見送りました。

小学生の子どもたちがダーッと降りてきました。

「安倍さん、帰った？」

「今、車が動き出したところ。ね、安倍さんと会ってどうだった？」と子どもたちに聞きました。

「わっ、テレビとそっくりだ、と思った」「何かね、普通の人と違うんだ、オーラが出てるんだ、かっこいい」「総理大臣ってこわい人かな、と思ってたらやさしい人だった」と口々に感想を言い合っていました。

少し早く到着されたので、全部で四十分ほどの視察でした。しかし考えてみると、国のあらゆる問題に目を向け、政府としてどうするか考え、指示する立場の総理大臣が四十分も時間をさいて、現場に来ただけでもすごいことだと思います。記者会見で「目を背けてはならない」という言葉がありましたが、今までは、学校にまともに行かないような子どものことは文科省まかせで、それぞれの学校が学校復帰させればいい、くらいのことではないでしょうか。つまり、向き合って真剣に考えたことはなく、目を背けていたということです。今回、やっと国が目を背けてはいけないと考えるようになり、単に経済支援を取り付けることだけではなく「学び方、生き方はいろいろだ」と学校外の育ちを認めようとしているわけです。

「やっと、ここまできたんだ」と私は思いました。これは、東京シューレの三十年が呼び寄せたことなのです。十年でもだめだった、二十年でもだめだった、三十年かかったのです。社会が変わるのは時間がかかるものです。

学校以外の学び、育ちをなぜ求めるのか

ここからは、総理訪問までの、社会のしくみを変えようとしてきた私たちの歩みを見ていただきたいと思います。

三十年前、東京北区の東十条駅から徒歩一分、小さな雑居ビルの一室で、それは始まりました。次のページのグラフを見て下さい。

日本で不登校（かつては登校拒否と呼んでいた）が増え始めたのが一九七五年頃、その後増加の一途をたどり、二〇〇〇年代に入ると約十二万人の高どまり状態で推移しています。ここ六年くらいは微減傾向でしたが、二〇一四年に発表されたデータでは、前年一年間で七千人も増加しています。このことも、今までとは異なる政策に踏み切らざるを得ない要素になったかもしれません。

日本は高い就学率を誇っている国です。しかし、約四十年間、学校と距離をとり続ける子ど

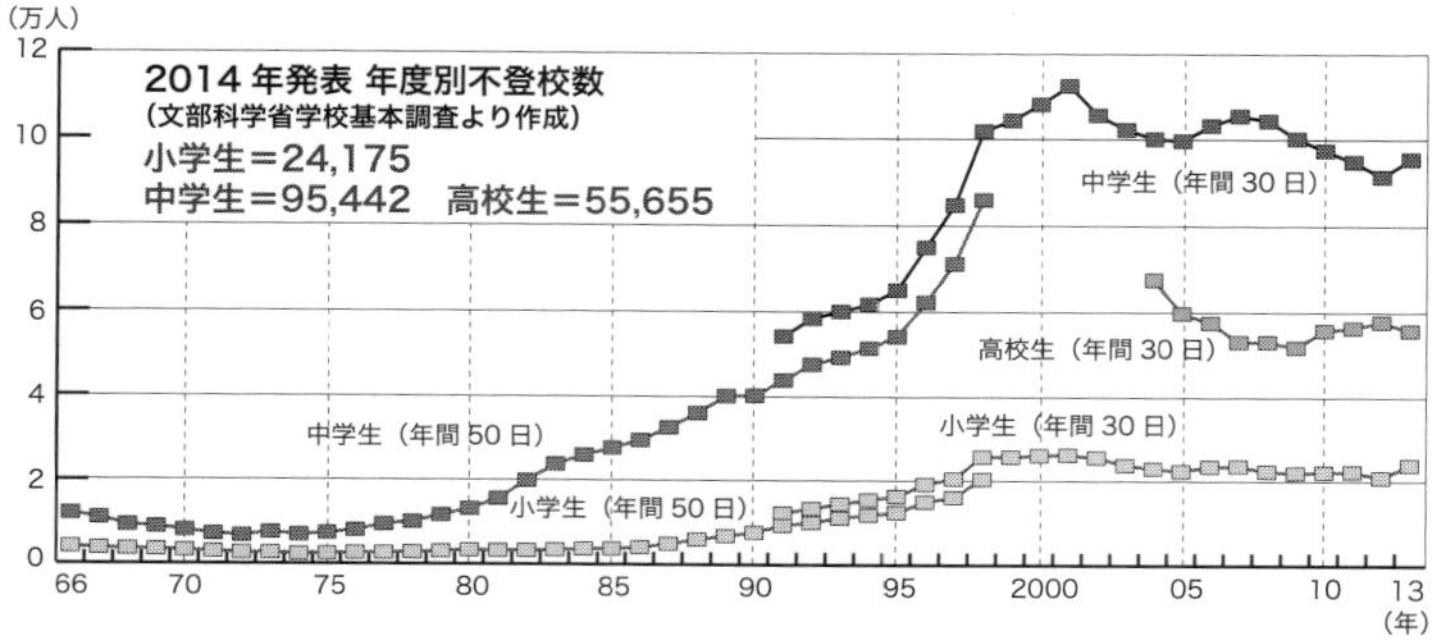

もが出現し続けたのです。この表にあらわれていませんが、日本は一九八〇年代後半から少子化が始っていますので、不登校の割合はもっと高いのです。

文部省（当時）の不登校対策は、その時どきにさまざまな取り組みをして、お金と人をかけてきましたが、四十年間一貫して「学校復帰が前提」の一本やりでした。普通、一貫してというと、いい意味で使われるのですが、学校復帰をさせようとして、日本中の教育委員会、学校、相談所、病院が動き、保護者も自分の不安や体面から学校へ戻そうとして、この結果です。しかも、早期発見、早期対応という考え方が生まれ、一九九一年から、それまで年間五十日の欠席で線引きをして調査の数字を出していましたが、年間三十日でも調べるようにして学校復帰率を高めようとしたけれど、不登校は増え続けました。

私は、フリースクールを始めるようになってから、毎年必ずこの数字に注目して、いつも思っていたのは、なぜ国は効果が何年も何十年もあがらないのに方針を変えないのだろう、ということでした。一般に会社やお店などは、その方針でやってみて効果がよくなければ、三年や五年で見直すのではないでしょうか。でも国は、学校復帰路線を変えなかったのです。

もしかして国は、制度上それしかできなかったのかもしれません。もともと学校は、日本でどういう制度だったかと言いますと、まず憲法と教育基本法ですべての国民は教育を受ける権利を保障され、その子どもの教育を受ける権利、学ぶ権利を行政と親が保証する形になっています。その教育を受ける権利を満たすために、学校教育法が作られ、それにもとづいて学校が設置され、親は、戦前のように口減らしのためわが子を奉公に出してしまうのは違法で、就学の義務を果たすことによって、子どもの学ぶ権利を満たそうとしたのです。義務教育は無償とされ、貧富の差もなく、社会で子どもの学びや成長を少なくとも十五歳までは保障しようとしたのですから、それ以前と比べてすばらしい制度といえます。学校は敗戦日本の復興や高度経済成長をも支えました。

しかし、学校で学ぶ子ども自身にとって、学校はどんな存在だったでしょう。時代、時代により、学校が苦しいと感じる子は続出しました。学校へ行くのが当たり前といわれても、もう学校へ行く気になれない、行こうとしても行けない、行かない、子どもたちが身体や心で学校と距離をとるようになりました。一〇〇人の不登校がいれば、原因やきっかけは一〇〇通りあるでしょう。

いじめ、体罰、教師の言動に傷つく、友人関係がうまくいかない、学習についていけない、自分の個性に合わない指導、集団への恐怖、失敗へのこだわり、疲労感、不信感、ストレス過剰、家庭問題、つまらない、よくわからないが登校できないなど、たくさんの不登校の子どもたちに会ってきました。子どもたちから話を聞くと、学校へ行け（か）なくなっても当然かなと思いました。行か（け）ないことで、自分を守ったり、一息ついているのだな、とわかるケースがほとんどでした。

にもかかわらず、学校へ戻そうとされたため、多くの不登校の子はもっと傷つき、追いつめられ、人間性を否定され、自責感や罪悪感を強めました。自分は普通じゃない、自信が持てない、将来がない、親に迷惑をかけている、死んだ方がいい、と思っていくのです。進学や就労、人とかかわることはできにくくなり、ひきこもったり、つらくて荒れたり、家庭内暴力を起こしたり、神経症も出てくることがあります。

登校ができない、勉強もしていない自分がどうしたらいいかもわからず、無気力、昼夜逆転、ゲーム漬け、パソコン漬けで、やっとその日を過ごすような子どももたくさんいます。

子どもは安心できる場で育つ

学校へ行か（け）なくなった子どもを、元の学校に戻そうとして無理なことをするよりも、まず休息が必要だと思います。それから、本人が安心できる場を選んで育っていくのがいいのではないでしょうか。

第二章を読んでいただくとわかる通り、私は学校外の居場所・学び場として、東京シューレを一九八五年に開設しました。そこは、学校に行っていない子が、自ら希望し、自由にやって来て、友だち作りやスポーツ、音楽、学習をしたり、子どもで話し合ってルールを決め、学校復帰にこだわらずやりたい活動をやっていく場所です。学校へ戻りたい子は戻ればいいし、学校に行きたくない、行けないなら、無理に復帰せず、自分に合った場で育っていけばいいのではないか、と考えました。意に反して登校させられようとして、どれだけの悲惨があったか、私たちは知っています。私たちは子どもを一人の人間として尊重したかったのです。

子どもたちは、安心できる自分に合った場で学び育つ権利があります。学校しか与えられないのでは、学校でマイナスの経験をした子たち、枠に合わなくて自分を押し殺してきた子たち、良いものを持っていても、個性を発揮する機会を奪われた子たちはあきらめたり、投げやりになったり、自他を信じなくなったりしても不思議はありません。学びの場を選べること、そのために、学校以外の多様な選択肢が社会のなかに用意されること、これこそ子どもたちを救う道だと思います。

これは、学校が苦しいという子どもへの解決だけでなく、どんな社会が望ましいかという視点からいっても、多様な子どもが、どの子もそれぞれ個性を大切に生き生きと育つためには、多様な学び方、生き方が認められ、それを選ぶことが可能であり、しかも不利にならないしくみを持っていてこそといえます。そうであってこそ、子どもも大人も幸せを感じる豊かな社会といえるでしょう。

不登校を考えていくと、社会が前へ進むためのとても大切な問題提起をしてくれているわけです。

フリースクールの費用は親が負担

フリースクールを始めてみて、子どもが本当に元気になり、学校以外でも充分に育っていくのは、何よりも楽しく、おもしろい毎日でした。それぞれすてきな子ども、若者であったし、不登校をした経験があっても、その後、働いたり、高校、大学へ行ったり、留学したり、音楽や写真の道や、好きなことを追及して自立していきました。

もちろん、親の理解が重要です。私は今でも、学歴社会の価値観のなかで東京シューレが続けてこれたのは、親が子どもを受けとめ、子どもから見て信頼できる親になり、子どもに協力的な存在になっていったからだと思います。しかし、親は大変でした。親が悪いと見られ、親は指導・支援の対象であり、子どもの大変な時期は親しか付き合う人はいないのです。私たちが毎月行ってきた「登校拒否を考える会」や「保護者会」「親だけ会員懇談会」「親ゼミ」など、親の支え合い、学び合いは大事な存在でした。

子どもが落ち着いてきて、フリースクールに通うようになって、子どもに笑顔が甦ってきて、「ああよかった」と思っても、次には経済的な負担を考えなくてはなりません。

子どもが学校でいじめられて行かなくなっても、親は税金を払います。その税金によって学校は支えられています。しかし、自分の子どもがフリースクールに入会した場合には、フリースクールの費用を負担しないといけません。フリースクールは子どもを支えるためにやっているけれど、朝から夕方まで開いていて、家賃・人件費・光熱費などの必要経費がいるからです。団体によって違いますが、都会では親は、私立学校くらいの費用を用意しないといけなくなります。

フリースクール側は親の負担も減らしたいが、スタッフの待遇もよくないまま、さまざまな助成金を探したりして、四苦八苦しています。どんなによいことをやっていても、責任をもって維持継続できないと、子どもに迷惑がかかります。通っている子の多くは小中学生です。義務教育は無償なので、フリースクール側も親から費用を受けとるのがつらい気持になります。だから公的支援がほしいわけです。学校に行かないことで、居場所や学びの場を失っている子どもたちに、市民で学ぶ権利を保障しているのだから、なんとか親の負担を軽くできないものだろうかと考えてきました。

東京シューレ開設の頃から、公的支援や定期券の割引を求めて、鉄道機関や行政などにお願いしてきました。当時は理解があまりなく「勝手に学校行かないでおいて、割引定期を使わせろとは何事だ」と言われたり、「学校以外の場をつくったんだったら、一貫して自前でやるべきで、公費支援を求めるのは甘えだ。公費でやりたいなら、子どもを学校へ行かせろ」と門前払いでした。

一九八〇年代は、全国的に親の会の活動が広がっていき、またフリースクールやフリースペースも各地に生まれていきました。「登校拒否を考える会」は、毎年全国から多くの親を集め、フリースクールの子もいっしょに「登校拒否を考える全国合宿」を行っていました。そこに集まる人たちに呼びかけて、一九九〇年に全国ネットワークを結成して、交流や学習や子どもの人権を守るアピールを出すようになりました。戸塚ヨットスクールや風の子学園など、矯正施設で直されようとして、子どもが死亡する事件が相次いだ頃でした。

文部省の認識転換

一九九二年、文部省は「学校不適応に関する調査研究協力会議」を開催して、それまでの国の手引書で、「子どもの性格に問題があったり、親の性格や育て方に問題があったりした子どもが登校拒否になる」と述べていたのをあらため、「誰にでもおこり得る」と認識転換したのでした。山下英三郎さんや私（奥地）もヒアリングを受けました。委員の一人から、「奥地さんたちの活動が説得力を持った」と聞きました。ということは、無理に学校復帰させないやり方、学校外で育つやり方が、子どもの元気な成長をもたらしていることが、委員や文部省の人たちに知られていったのです。

この協力者会議で初めて、学校外の学びの場に対する制度的な支援が生まれました。いわゆる「民間施設のガイドライン」が協力者会議最終報告に付記され、校長裁量で民間施設への出席を、学校の出席日数に認定してよい、というものでした。つまり、学校以外はいっさい認めなかったのが、お金の支援はないが「出席」にはするよ、というのですから大きな一歩でした。

この認識転換で、学校の態度がだいぶ変わりました。それまで電話にも出てくれない、卒業式の日時も教えてくれないなど、学校の失礼な対応もけっこうありましたが、文部省が決めたわけですから、なかには手みやげを持って「卒業はお約束しますので、日常のご指導をお願いします」と堂々とあいさつに見える校長もいました。

出席が気になって、学校へなんとか行かせようとしていた親も、フリースクールに行くことが学校の出席になるのならと少し安心し、子どももちょっとホッとして、フリースクールに来ていいんだな、と思えた点はよかったことでした。

ただし、学校の出席になればすべて解決ということではありません。出席報告のことで、学校とフリースクールで何度も話し合いが必要になりました。ひどい学校は「毎日報告しろ」と要求してきました。「そんなことをしたら、フリースクールに来ている子にプレッシャーです」と話しても、「学校は毎日出席簿をつけているんですから、それなら認めません」などと言ってきました。この制度が始まって十年くらいはトラブルが続いていましたが、二十二年たった今は、学期に一回、期末に月別の出欠日数と子どもの様子を記したものを学校に提出すれば大丈夫になっています。

しかし、学校の出席に認められればそれでいいのか、というもっと大きな根本問題があります。それは子どもの二重籍問題です。フリースクールに入会した子はそこに籍を置きます。しかしフリースクールで育っても、親の就学義務の関係上、子どもは行かない学校に籍を置いているため、進級、卒業の裁量権は校長にあります。校長の理解がない場合はとても大変で、「卒業させてやるからこうしろ」という条件が出てきたりします。子どもは「そんなことができたらとっくに学校へ毎日通ってるよ！」と怒るか、どっと不安になりひきこもってしまいます。親は「せっかく元気になったと思ったのに、なぜ学校はわかってくれないんでしょう」と泣いてしまい、私は学校へ出かけて交渉したり、電話で何度もやりとりしたり、時には弁護士に入ってもらったこともありました。

今は、このようなトラブルは減りました。しかし、子どもの実態に制度が合っていないので、ネジれているのです。子どもの誇りはどうなるのでしょうか。私は育ったところで卒業させてやりたいと痛切に思ってきました。

公的支援を求めて

そしてもう一つ、フリースクールに通う子どもに制度的な保証ができました。それは通学定期券の割引です。可能になったのは一九九三年で、民間施設に通う小中学生を対象に適用されました。出席日数カウントは国から提示されたことですが、通学定期の適用は市民側からの運動で認可されたものです。時の文部大臣であった鳩山邦夫氏が動いてくれ、運輸省の合意を取り付けて実現しました。

東京シューレ設立の頃から、せめて交通費が安く通えないかと訴えても歯が立たなかった経緯があります。先述した協力者会議の中間報告が一九九一年に出た時、「誰にでもおこり得る」

と認識転換がされて、民間施設の出席日数もカウントされるだろうとの情報から、「出席に認めるなら、子どもの学習権保障の一つとして通いやすくしてほしい。今ならできるかもしれない。チャンスだ」と思ったのでした。

さっそく、東京シューレの子たちは、定期の使用でどれくらい費用が変わるかの一覧表を作り、大人たちは署名用紙を作り、全国から三万名ほどの署名を集めました。それを当時国会議員だった堂本暁子氏に子どもたちが手渡しに行ったり、国会も傍聴するなど積極的に動きました。署名集めの三回目を発送しようとした矢先の一九九三年三月十九日、文部省から電話がありました。今でもよく覚えています。

「通学定期券、適用可となりました。この四月一日からできます」

「えっ、それはありがとうございます。でも、あと十日あまりでは、全国に周知は無理でしょうね」

「いや、一斉に通達するので周知は可能です。早い方がいいと思いまして」

「それは早い方がみんな喜びますが、よくわからない校長がいるともめたりしませんか」

「混乱が生じたらその校長に、文部省へ電話するよう言って下さい。こちらで全部説明しますよ」

文部省は親切でした。そして何人か問い合わせてきた校長にそうしてもらいました。

これでとりわけ中学生は、とても安く通えるようになったわけです。

その後、通学定期問題は高等部に移りました。

中学時代フリースクールに安く通っていた子どもが、フリースクール高等部に進学したいとなると、大人の定期券になるので、交通費が三倍、四倍にはね上がります。その費用が子どもに罪悪感や申し訳なさを与えることになりました。これは何とかしなくてはと再び取り組みはじめました。

二〇〇一年に「フリースクール全国ネットワーク」を結成した朝、時の文科大臣は「自由のはき違えが不登校を生む」と発言して、私たちは、その抗議から始めることになりました。しかし全国的な連携ができたことで、東京シューレという単体のフリースクールの要望でなく、全国ネットとしての要望とか調査、企画ができることになり、強みになりました。発足の夏の大会で、十代後半の若い事務局長は、五政党の国会議員にそろってもらい、通学定期や体育館がなかなか借りられない問題などを一五〇人の子どもや若者、大人

1992年、通学定期券実現のための署名を堂本暁子参議院議員（当時）に渡す

の前で訴えました。

フリースクールからの要望はいろいろありましたが、なんといっても高等部の子の通学定期は適用してほしかったのです。何回も文科省へ足を運び、ＪＲの幹部の方にも面会しましたが認められませんでした。

国会議員の小宮山洋子さんに、子どもといっしょに相談に伺いました。小宮山さんは、「なんとかしなければ」と理解を示してくれたので、ほかの政策提言も訴えました。二〇〇八年、鈴木会長、馳幹事長、小宮山事務局長による「フリースクール環境整備推進議員連盟」が誕生し、何回か会議を開催してくれました。しかし、ＪＲなど鉄道機関では学校教育法の一条校に対して通学定期を発券できるという定款になっているので、高い壁になっています。

一歩前へ進めようと

私たちは、以上のような課題を一歩進めるために「フリースクールからの政策提言」をまとめあげました。もともと神奈川ネットワーク運動のみなさんからの提案を受けて、一年くらいかけて東京シューレでまとめたものです。これをフリースクール全国ネットワークとして採択し、全国的な要望として政策に反映させ、子どもの権利を一歩でも拡充したいと思いました。

でも、日常は毎日忙しく流れていきます。余裕があるわけではありません。このままでは変わりません。今までの交流会的なフェスティバルや養成研修だけでは、政策までいかない状況でした。

そこで私たちは、以前から検討していたＩＤＥＣ（世界フリースクール大会）の日本版であるＪＤＥＣ（日本フリースクール大会）を実施しようと動き始めました。そしてその大会で政策提言を全国のみなさんと真剣に討議しようと考えました。一般社会にフリースクールやホームエデュケーションを理解してもらういい機会であり、フリースクールの実践や課題を相互に交流して検討するという方針のもと、ＪＤＥＣの初開催にこぎつけました。

ＪＤＥＣ（Japan Democratic Education Conference）第一回日本フリースクール大会が、二〇〇九年一月十一日に十二日、国立オリンピック記念青少年総合センターで開催されました。この時は、第二回が開けるかどうかもわからなかったのですが、その後、毎年一回この時期に必ず開かれるようになり、今考えると歴史的な大会とも言えました。

私は、あいさつのなかで、国の教育政策はグローバル化した社会でいかに勝ち抜くかの国益・国策のためのものであり、学校選択が広がり、高校が多様化したといっても、学校以外の選択は全く含まれていないこと、全国一斉学力テストのもとで子どものストレス度は増し、校内暴力は過去最高の五万件を記録したこと、中学生の不登校率も調査開始の一九六六年以来過去最高となっていること、子ども・若者の追いつめられた苦しさから起きる傷害事件や自殺などが続き、さまざまな個性や状況の子どもが安心して、存在感をもって育っていけない状況があり、それは社会の問題だ、と訴えました。また、「丹波ナチュラルスクール事件」は、虐待の日常に耐え切れず逃げ出して、コンビニに駆け込んだ二人の中学生から発覚したのですが、そのことが「フリースクール傷害事件」として報道されたことに触れ、東京シューレがスタートした八〇年代には、戸塚ヨットスクールのことをフリースクールと呼ぶ人は、マスコミも一般にもいませんでしたが、人権を守るフリースクールの対極にある矯正施設が、フリースクールと呼ばれるようになったのは、少子化とともに学習塾や民間施設、その他いろいろな所で不登校の子どもを預かるようになり、不登校がいる所をフリースクールと呼ぶようになった時代状況の変化が背景にあり、フリースクールとは何なのかを問う必要性があること、フリースクールの存在意味は不登校支援に釘づけにされるべきではなく、子ども主体の教育を実践して、今苦しんでいる日本の教育を変え得る貴重な財産なのだ、という点も話しました。そして今こそ誇りをもって、多様な教育を発信し、日本の教育の在り方や子ども観を変えるとともに、私たち自身も力不足の点を相互交流で学び合い、切磋琢磨し、本当に子どもたちから信頼されるようになろうと提案しました。

大会は、汐見稔幸さんの記念講演「子どもから出発する教育」、喜多明人さんをゲストパネリストに、フリースクールで育った若者とフリースクール経営者のパネルディスカッション、分科会でのさまざまな実践発表、「フリースクールからの政策提言」の検討、運営や進路などテーマ別による六つのセッション、朝倉景樹さんの「世界のデモクラティックスクールから学ぶ」などの内容に約二五〇人が集いました。そしてエンディングで「フリースクールの政策提言」を満場の拍手で採択しました。

この提言は、大会で「すぐにでも着手・実現すべき10の提言」として提案されました。「提言1」は「多様な教育の在り方を制度化するオルタナティブ教育法」の制定、「提言2」は公的支援、提言5は「学校復帰を前提とする政策の見直し」、「提言8」は「子どもが相談しやすい環境づくり」などとなっていました。

JDECでの議論の結果、「提言1」を独立させて、「新法と今すぐ実現すべき9の提言」として、議員連盟と文科省に提出しました。

新しい法律がほしい

二〇〇九年二月、議員連盟の第三回会議が開かれ、この提言を説明した私たちに対し、「新法は、どんな内容を考えているのか骨子案を作って持ってらっしゃい」と司会をしていた馳幹事長の言葉があり、私たちは四月から新法研究会を開いて、一年をかけて「(仮称) オルタナティブ教育法骨子案 (第一案)」を作成しました。月一回の研究会には、西原博史さん (憲法学)、喜多明人さん (子どもの権利)、神奈川ネットワーク運動のメンバー (政策)、多田元さん (人権・少年事件)、亀田徹さん (教育行政) など、専門家の方々にも参加をいただき、研究を深めました。

そして第一案は、二〇一〇年二月のＪＤＥＣ第二回大会に提出して検討を加え、部分修正した「(仮) オルタナティブ教育法」として、外部からの意見を聞くことになりました。賛否両論、カンカンガクガク。フリースクール全国ネット、登校拒否を考える全国ネット、多様な教育を推進するためのネット、有識者、国会議員、シュタイナースクール、サドベリースクール、親の会、ブラジル学校、子ども・若者、大学関係者などさまざまな人の意見を伺い、話し合っていきました。

第三回ＪＤＥＣは、フリースクールネットワークの十周年を兼ねて、アメリカからパット・モンゴメリーさん、文科省副大臣鈴木寛さんを招いて、フリースクールがもっと社会に位置付くために討論し、新法についても検討しました。

採択から三年たった第四回大会では、シュタイナー学校やブラジル学校など、学校教育法一条校以外で実践をしてきた人や、そこで育った子ども・若者に登場していただき、フリースクールやホームエデュケーションとともに二つのシンポジウムを持ちました。

その結果、フリースクールを中心としてやっていた運動を広げ、多くのオルタナティブ教育の人たちと、すべての子どもに手が届くように進めていくと方針を変えました。そういう主旨で第二案を発表しました。フリネット内の新法研究会を解散して、「(仮)オルタナティブ教育法を実現する会」を独立させ、関係者や市民でつくり上げていくことになりました。

二〇一二年四月、早稲田大学において「(仮)オルタナティブ教育法を実現する会」の発起人会を開催しました。主なメンバーは、喜多明人、汐見稔幸、杉山まさる、西原博史、矢倉久泰、吉田敦彦、フリースクール全国ネット、東京シューレの保護者など各方面でご活躍の方々です。ご自身のお仕事もいそがしいなか、こんなすてきな方々にご参加していただけたと大感激でした。

さっそく、七月には総会を開き、発起人で出席した方に一人一言発言をお願いし、二三〇名を超える参加者で盛り上がり、立見が三十人ほど出て申しわけないほどでした。

実現する会の共同代表に、汐見稔幸、喜多明人、奥地圭子の三名を選出、毎月運営会議を開き、活動を推進していくことや、全国各地で学習会を展開していくことを決めました。総会までに、フリースクール環境整備推進議員連盟のメンバーを中心に、多様な学びの保障を訴えるロビー活動を行い、総会には何人かの議員が参加しました。

設立総会や、その後の運営会議で、法律名称や内容についてさまざまな意見が出されました。「オルタナティブ教育機関」を保障するのでなく、「子ども一人一人の学習権保障」が基本ではないか、そうだとすると、法律名も会の名称も変更する方がいいのではないか、と意見がまとまり、十月八日の第二回総会で「子どもの多様な学びの機会を保障する法律」とし、会名を「多様な学び保障法を実現する会」としました。これには、高校無償化を果たした鈴木寛さんの話に触発されたことや、オルタナティブという表現がまだ日本ではなじみにくいことなど、市民活動からの反応も考慮されました。

十二月には関西学習会が大阪府立大で開かれ、定員いっぱいの八十名で熱のこもる議論が行われ、反対意見や懸念もかなりありました。経済的支援とひきかえに、行政の管理・干渉が強まるのではないか、学校教育ではない良き教育が押しつけられるのではないか、家庭の中に行政が入りこんでくるのではないか、などの指摘に対して、そうならないようにするにはどうしたらいいかという課題を確認して、議論を深めていきました。

二〇一三年二月には第五回ＪＤＥＣを開催して、それまでの検討を盛り込んだ骨子案が採択され、その後、東京、大阪以外に北海道、埼玉、長野、香川、長崎など各地で学習会が活発に行われました。大学でも研究テーマとするところが現われ、学生や研究者にも少しずつ関心が広がっていきました。

また、「多様な学び保障法を実現する会」の第三回総会で、多様な学びで育った若者たちが、それぞれの学びとその後の進路について発表したのが刺激的でおもしろく、教育の真髄に触れる思いがしました。

これにヒントを得て、オルタナティブ教育の関係者どうしが、もっと実践を交流し、社会的な信頼を得られる質の確保を自らやっていくことになり、二〇一四年二月に東京シューレ葛飾中学校で、第一回の「実践研究交流集会」を開催しました。一泊二日で、全国から二〇〇名が集まり、多様な学びにおける「普通教育」とは何かについて講演や分科会で交流と議論を深めました。いろいろな場で育った社会人が登場してのシンポジウム、各地で活動している約二十団体によるオルタナティブフェア、子ども中心の実践とは、親のかかわり方、など盛りだくさんの内容でした。

国の動きが、変わってくる

この間、政治状況が大きく変わりました。二〇一二年十二月の衆議院選挙で民主党が惨敗して自民党政権が誕生しました。民主党議員が多かったフリースクール環境整備推進議員連盟は、メンバーのほとんどが落選したため、解散となってしまいました。

それでも私たちは、不登校を国会議員に理解してもらおうと、東京シューレの子どもたちが一年二か月かけて作った映画「不登校なう」の上映会を議員会館で開きました。

いじめ自殺問題では、子どもたち六人が直接文科省大臣に会見しました。いじめ防止対策法にも、フリースクールからの要請書を提出して、学校以外で学ぶことも必要だという附則を入れてもらいました。

高校無償化はよかったのですが、そのかげで、これまで高校へ行く行かないに関係なく高校年令層に税控除があったのに、負担増になったことに対し、なんとかならないかと議員に相談に回ったりしましたが、どうにもなりませんでした。フリースクール議連がなければ相談さえできません。なんとか、もう一度議連を立ち上げてもらおうと、私たちは元の世話役の方を訪ねアドバイスをいただき、旧議連の方々に訴えかけました。そして本当に、議員連盟が六月に再開したのでした。いや、再開というより、新しく誕生したという方がふさわしかったかもしれません。メンバーも変わり、名称も「超党派フリースクール等議員連盟」となりました。

二〇一四年六月三日、第一回総会に出席して驚きました。人数が以前をはるかにしのぐ約五十名の参加で、ポンポン出る意見や質問が、フリースクールなどの教育に対して好意的で、また、学校だけではなく多様に選択肢があるのが望ましい、という方向であり、ホームエデュケーションも海外では広がっている、と国会議員が言うのです。「学習権」という言葉が与党議員から出るのにもびっくりしました。前とは空気が違う、と思いました。

七月には、それを裏書きするように「教育再生実行会議」の第五次提言に、次のような文言が発表されたのです。

「今後の学制等の在り方について」

1．子どもの発達に応じた教育の充実、様々な挑戦を可能にする制度の柔軟化など、新しい時代にふさわしい学制を構築する。

(1) 全ての子どもに質の高い幼児教育を保障するため、無償教育、義務教育の期間を見直す。

○ 国は、小学校及び中学校における不登校の児童生徒が学んでいるフリースクールや、国際化に対応した教育を行うインターナショナルスクールなどの学校外の教育機関の現状を踏まえ、その位置付けについて、就学義務や公費負担の在り方を含め検討する。

教育再生会議とは、政府直属の機関だからここで出された方針は、政府の責任で実行されていきます。初めて「フリースクール」と出たので、私は議連で感じた変化はやはりそうなんだ、と思いました。しかし、どうせ時間がかかるだろうと、思っていました。するとびっくりすることに、八月の来年度予算の概算要求に、フリースクール等に関する調査研究として九千八〇〇万円（新規）出されたのでした。国の予算に入るのは初めてなことで、やはり取り組みを始めるんだ、と思いました。（しかし十二月に、実際決まってみるといじめ対策の費用といっしょになったため、八〇〇万円になっていました）

そして、九月一日からは文科省のなかに、フリースクール等の担当職員が配置されたのです。それまで文科省に、そんな担当は全くなかったので、生涯学習局に行ったりしていました。人を配置するということは、フリースクール支援を進めるということだと思いました。そのあとすぐ、九月十日に冒頭にのべた安倍総理の視察があったのでした。

これを、「管理・統制が強まるのではないか」「今までフリースクールは自由にやってきたから、自由にさせない手を考えているのではないか」という懸念や不安を持つ人もいました。

しかし私は、「チャンスじゃないのか、三十年たってやっとここまできたんだ」と思いました。「行政は敵だ」という面ばかりにとらわれている人たちがいるのも、不登校の歴史を考えるとわからなくもありません。でも私は、いつまでも敵対する相手に要求を突きつけて勝ちとるみたいな時代じゃないと、とらえていました。すでに、NPO時代の到来でNPOと行政は、地域住民や子どもたちのために連携して十五年近くもやっています。私的利益でなく公共の利益に関する活動なら、いっしょに考える可能性があり、行政が信じられる経験をいくつもしてきました。

たしかに、安倍政権のさまざまな政策のなかで反対したいこともありますが、でも「坊主憎けりゃケサまで憎し」ということでもないと思います。どんな政権でも、放っておけない課題は山積みです。貧困、虐待、災害対策、経済など、国内的に見ても、また国際的に見ても放っておくと評判を落とし、政権自体がその責めを負うことがあります。

不登校は手を打っても打っても増加のまま、憲法で保障している教育を受ける権利を保障しておらず、社会的にも不安な状態のままだから、なんとかしなければという課題ではあったと思います。もちろん無関心な議員や閣僚も多いですが、リベラルな考え方を持った人たちもそのなかにはいるわけです。自分が政権にいるうちに、議員でいるうちに、この問題を手がけようと思ってくれる人が出てきているのです。私たちのたゆまない働きかけで、やっと訪れたチャンスではないかと、私は考えました。だからどんな政権であれ、子どものために、この機会を逃がしてはならないと思いました。

三十年もかかって呼び寄せたチャンスです。三十年のうちに不登校やフリースクールに世間が慣れてきたのかもしれません。もちろんまだまだ学校へ行って当然という人は多いけれど、十年前、十五年前ではあり得なかったでしょう。大きいことは変化に時間がかかる、でも、本当は遅かったとも感じました。なぜなら、今年も経営がもたず、閉鎖したフリースクールの話を二、三聞きましたし、子ども・若者は苦しいまま大きくなり、もっとなんとか応援ができなかったかという相談を受けていましたから——。それでもスタートが切れるなら、その一歩を逃がさないようにしたい、そして重要なのは、どんな支援になるのか、そのしくみと内容だろうと考えていました。

期待が高まったフリースクールフォーラム

安倍総理視察以後は、思ったよりも早いスピードで動き出しました。

九月十八日には、超党派フリースクール議員連盟の視察がありました。これは総理視察より早くから決まっていたもので、時間も二時間とていねいでした。子どもやOBとたっぷり話していました。

十月には文科大臣が川崎にあるフリースペース「えん」を視察しました。「えん」は、以前に東京シューレのスタッフをしていた西野博之さんが、川崎市でNPO法人「たまりば」という居場所を運営しており、二〇〇三年より、川崎市の指定管理者制度で一万㎡の広大な土地での「子ども夢パーク」の所長をしています。「たまりば」はその一角につくられた、子どもが無料で通える、学校復帰を目的にしない場です。視察した大臣は、非常に感動され、「日本の教育のモデルにもなり得るだろう」と語られたそうです。

十一月二十二日、フリースクール全国ネットワーク主催のフリースクールフェスティバルのプログラムの一つに、「どうなる？　国のフリースクール支援」と題して、文科省のフリースクール担当官を招いて、懇談会をすることにしました。子どもたちのステージ発表のない約二時間を体育館に確保して、イスを円く並べてのラフなものでしたが、九十人の参加があり、ふだん気になっていることや要望がたっぷり出されたと感じました。

文科省も大きなフォーラムを二つ開催しました。

十一月二十四日にはフリースクールフォーラムを文科省講堂で開催して、六〇〇人の参加でいっぱいでした。そのうち四五〇人はフリースクール関係者や親、学生たちでした。熱気のある文科大臣のあいさつのあと、そこで育った子どもやOBを含むフリースクール三団体の事例発表や、永井順国さん、永田佳之さんの講演、最後には会場からの自由な意見発表など、これから多様な学びが選べる時代が来るだろうと期待できる、歴史的なものだと思いました。あるフリースクールスタッフは、「今日は感動しました」と話していたし、文科省職員は「文科省の中で、こんな集会をやる日が来るとは」と言っていたのが印象的でした。

十一月二十八日には「不登校フォーラム」が開催され、二五〇人が参加しました。前半は、大臣のあいさつと宮本亜門氏の講演で、それは多様な学びにつながるいい内容でしたが、後半のシンポジウムは校長、教育委員会、相談所、適応指導教室などの人たちによる、ほとんどが学校復帰の話で、未然防止や早期対応が目指されて、がっかりしました。会場との意見交換になった時、東京シューレの男の子が手をあげて発言しました。

「家庭訪問が効果的とのことですが、当事者の気持ちで考えてくれていない。僕は、やっと学校を休めるようになったのに、先生が来るのはとてもいやでした」

彼はこんな大勢の人の前で発言したことはありませんが、言わずにいられなかったのでしょう。

終了後私は、司会を担当していた文科省の方に質問しました。

「フリースクールフォーラムでは学校外の学びを認めようと検討しているのに、今日は学校へ戻す話ばかりで矛盾しているのではないでしょうか。同じ国の政策だから、どのようにこの矛盾をおさめていくのですか」

その人は「しばらく二本でやっていって、いずれ一本化します」と説明してくれましたが、どうやって一本化するのか、疑問は解消しませんでした。

そして二〇一五年が幕を明け、一月三十日に注目の有識者会議「フリースクール等に関する検討会議」がいよいよ開催されました。私はそのメンバーに選任されました。

その会議で何が話され、どういう方向に進んでいったのか、また議員連盟が早く動き出してくれ、今国会で成立の見通しも出てきたのです。

それは終章で述べることにして、まずは日本にもともとなかったフリースクールはどう誕生し、どう三十年を歩んできたか、次章でお読みください。

第2章

フリースクール・東京シューレの誕生

学校外の場が必要

一九八五年六月、学校外の子どもの居場所・学びと交流の場として「東京シューレ」を開設しました。やがてこれが、日本のフリースクールの草分けと言われるようになります。当時の私の意識としては、子どもたちが管理と競争の教育にひどく傷つき、登校拒否となって苦しんでいるため、学校教育とは違う、子どもを原点としたのびのびとした場をつくりたい、というものでした。

私は当時、教員をしながらも学校教育の矛盾を感じ、学校を変える努力を仲間とやってきていました。しかし、登校拒否の子どもや親と出会う日々のなかで、学校を変えるスピードよりも、子どもが傷つくスピードのほうが早いと痛感していました。子どもが本当に喜び、生き生きと成長できるために何かをしなければ、という思いが切実にありました。

八〇年代後半のころ、「フリースクール研究会」が東京や関西にあり、時どき参加していました。私は日本にフリースクールが存在して、その実践が聞けると思っていましたが、学校教育の問題や授業の実践報告、海外のフリースクール情報の紹介などを内容とする研究会でした。また、ニイルの本やアメリカのフリースクールを紹介した本などは読んでいたので、子ども中心の理念には共感を覚えていました。

しかし、最もつき動かされたのは、登校拒否の子どもの現実でした。東京シューレをつくる一年半ほど前から親や市民で「登校拒否を考える会」の活動を続けていました。

登校拒否をとりまく環境は、彼らに問題があるとみなし、学校へ行っていない子は異常視・白眼視され、首に縄をつけてでも登校させるという方法がとられ、治すために矯正施設や精神科へ入院させられるという時代でした。子どもは追いつめられ、閉じこもりや強迫神経症、家庭内暴力に結びつくケースも多かったのです。その根幹には、学校信仰とでもいうべき学校中心の教育や子育てがあり、学校とうまくやるかどうかが、人間存在の評価にまでおよんでいました。

その一方で、登校拒否の親の会では親が子どもに登校催促をやめ、学校へ行かないという在り方を受けとめると、子どもが安心したり充電できたりするようになってきました。子どもたちに元気が戻り、精神的にもおだやかに暮らすようになりました。そして楽になった子どもたちが、会のある日に集まってきて交流するようになっていきました。子どもたちは「月一回では足りない、ふだん行ったらそこに友人たちがいて会えるようになればいい」と言い始めたのです。

会のなかでも、子どもが「たいくつだ」「友だちがほしい」「親とばかりではあきあきした」「勉強したい」「スポーツしたい」などと言っているがどうしたらいいか、という話がしばしば出るようになりました。かといって、学校へは二度と行きたくないと言っている子どもばかりです。そのうちに、気が付くことがありました。「そうか、学校以外に子どもが自由に来れる場があれば、今のような成長への願いは満たされる」と思いました。

今でこそ、フリースクールやフリースペースは、あって当然のようにも思われていますが、そのようなものがなかった時代から見れば、「コロンブスの卵」的な発想なのです。子どもが学校へ行かない、行けない、ならば「フリースクールを考えてみれば」というのは今の感覚です。長い間「ならば、どうしたら学校へ復帰してくれるか」というのが一般的な考え方でしたから――。

そうだ、学校以外の場をつくろう、そこは上から何かをさせるのではなく、子どもといっしょに考え、つくっていく成長の場にしよう。そこは学校と平行した開室時間にして、誰が来てもいい、しかし登校している子は学校へ行くから、学校外の場には登校拒否の子どもが来るだろう。登校拒否をした子たちがつくる場は、きっと学校教育への拒否感があるから、管理や競争に追いたてられている学校とは異なるものが生まれてくるかもしれない。それが、私の考えたことでした。それは子どもたちの笑顔が甦ることであり、子ども中心の新しい教育をつくり出すことであり、とても楽しみで、わくわくしました。生涯をかけるにふさわしい仕事とも思いました。

片手間でできる仕事とは思えず、私は教員を辞めて新しい場づくりに専念しようと思いました。しかし、教員仲間の理解を得るのは大変でした。

「学校を変えることから逃げるの？」

「逃げるんじゃない。新しく開拓するんだ。学校の内側から変えようとしている人は、みなさんのようにいろいろいる。でも学校外で子どもを受けとめ、学校を相対化する人はほとんどいない」と私の考えを話しました。

「奥地さんががんばっても、たかだか三、四〇名しか救えないじゃない」

「かわいそうな子を救うためにやるんじゃない。普遍性があるなら広がるでしょう」

こんなことをたくさん話し合いました。

　また、夫はすでに長男の不登校に自分の会社員としての在り方を考え、脱サラして自宅で補習塾をはじめていましたが、まだ軌道に乗っているとは言えませんでした。私が教員を辞めて、新しい場づくりを始める話にはすぐ賛成してくれましたが、食べ盛りの三人の子どもを抱えて定職を失うことは、私自身も不安でした。半年くらい迷っていましたが、ある日ふっ切れることがありました。

　バスで駅へ向かう時、運転手の背にあたる所にあった広告版に何げなく目を向けました。そこには「社員食堂のパート募集」とありました。「そうか、私は料理や掃除など家事ならなんでもできる。居場所づくりでダメなら食堂や掃除のアルバイトをやればいい」と思ったら気が楽になり、さっそく校長に辞表を持っていきました。

東京シューレの開設

教員を辞め、学校外の子どもの居場所をつくると決意した私は、家族や友人知人、親の会の仲間にも協力してもらい、場所探しを始めました。

もっとも、「いい学校をつくる」のか、「学校外の場をつくる」のか、教員仲間たちとの論争が尾を引いている部分も自分の中にありました。ちょうどこの頃、競争原理によらず、生き生きした学びを創る学校をめざして「自由の森学園中学・高校」を準備している人たちから、「自由の森小学校をつくらないか」という話が持ちかけられた時も、すぐには断りませんでした。長い間、競争や管理の教育の学校現場で悩んできた私には、魅力的な話だったのです。「一週間待ってください」と答え、よくよく考え、結局お断りしました。

今、私がやりたいこと、やるべきことは、学校を相対化する仕事、苦しい思いをしている登校拒否の子どもたちの居場所・学び場づくりであり、学校の原理・原則とは違う新しい教育の在り方をつくり出すことだ、と思ったからです。おそらく、わが子の登校拒否や登校拒否を考える会での活動を経験していなければ、一も二もなく、「自由の森学園」の開校をになう一人になっていたでしょう。しかし、登校拒否に出会うことで、自分がよって立つ原点を大きく問い直された私は、子どもとかかわる人間としての課題は、「学校外の場をつくる」方にあるだろう、それは緊急に必要だろうと感じました。この一週間は、私自身を確かめるためにも、とても貴重でした。

一九八五年二月、知人が営んでいた塾を閉めるため、あとを貸してもらえるよう大家さんに交渉してくれることになりました。東京都北区東十条の小さな雑居ビルの一室です。

駅から一分、夜ともなると飲み屋の赤ちょうちんがともる下町界隈。古い木戸をくぐると小さなアパートが三軒ならんでいて、その玄関先を過ぎると、鉄製の階段と回廊が、まるで空中に浮かぶように続いているのです。階段を上るとビルの三階にあたる細長い、うなぎの寝床と呼んでいた部屋に至ります。表通りから見れば、一階がパン屋さん、二階が喫茶店で、その三階は裏からしか入り口がなく、それがまた以外と楽しくて「子どものアジト」などと表現されたりしました。このビルに六年いましたが、「狭い、うるさい、きたない」が第一印象という子は多かったようです。

「狭い」といっても家賃は二ケタ、契約にはかなりまとまったお金が必要でした。夫は開設には協力的でしたが、「アパートの八畳とか十畳とか、もっと狭いところから始めたらどう?」と言いました。でもこの一室くらいの広さは必要かな、と思った私は「お金はないけれど、人のつながりがあるから、みんなに協力してもらってやってみたい」と、契約に踏み切りました。

また、退職金をはたき、友人に少しお金を借り、開設募金を身近な人たちにお願いしました。登校拒否を考える会をはじめ、夜間中学や補習塾のみなさんの協力で、家具や茶道具、文具や鏡など、いろいろな備品がそろいました。会に来ていた子どもや若者も、マンガや本を寄附してくれました。なかでもマンガをいちばん多く寄附した子どもは、わが家の娘。当時、兄の次に登校拒否をして、夫の開く塾の二階で自分が館長になり「マンガ図書館」を開設して、五千冊のマンガを集めていました。

一か月後の三月、私は教師を退職し、毎日東十条の雑居ビルの一室に通う身となりました。はじめのうちは何をどうする、というのもわからず「こんな場を始めます」とチラシをまいたくらいでした。子どもや若い人が、フラッと訪ねてくれたり、登校拒否に悩む親がやって来たり、サロンのような形でオープンしていました。時どき「ハイキングに行こう」「料理会をやろう」という企画が持ち上がり、楽しんだりしました。誰も来ない日もありました。

三か月が過ぎた頃、私は「半年くらいと思っていた準備期間を早めて、本格的にスタートしたい」と協力者のみなさんに話しました。

サロンだと喫茶店に自由に来て、おしゃべりして帰るだけのようなものです。いっときホッとしても、子どもどうしの関係もできません。スポーツやイベント、体験、学習などをやってみたいという願いも満たされません。また、このやり方では親が、場に対してお金を払ってくれず、家賃も捻出できない状況です。やはり、サロンから一歩進めて「学校外の学び育つ場」にしたいと思いました。

サロンの期間に、何度か協力者のみなさんに集まっていただき、どういう場にしたらいいか、運営はどうするかと検討を重ねました。

子どもが原点で考えていく——登校拒否を訓練の対象、治療の対象とせず、学校に行く、行かないは、本人の気持ちを尊重する。管理、競争、画一、選別というような一般の学校で行なっている〝教育〟でなく、自由と自治と個の尊重で語られる学び合い、育ち合いの場をつくる。居場所であること。だんだん方向が定まってきました。

でも、それも子どもと話し合いながら決めていくことが大前提です。ミーティングも子どもとスタッフの一票は同等と考えました。

このような場をあらわす名称は○○学園でも○○塾でもなく、なかなか見つかりません。そんな時、ギリシャ語で「精神を自由に使う場」として「シューレ」があるという意見が出され、「東京シューレ」に決まりました。

一九八五年六月、学校の外で子どもが学び育つ場

1988年　東十条の東京シューレ２階から見下ろす子どもたち

が、いよいよ歩き始めたのです。

本人の希望が入会の原則

東京シューレオープンの準備が整った頃、シューレを開くことに反対だという若者四人がやってきました。四人とも登校拒否をして育ち、親の会でも顔見知りの子どもたちでした。理由を聞くと「シューレのような場ができると、親たちは、学校へ行かないのなら、こういうところへ行きなさい、と子どもたちに圧力をかけるだろう。また、こういう場所に来たくない子や来られない子は、よけいに劣等感を持つだろう」と言うのです。

それは十分考えられることでした。その後の東京シューレを考えても、とても重要なことを提案してくれたと思っています。けっして「裏返しの学校」になってはならないのです。しかし、シューレのような場が全くないのがいいとは思えませんでした。友だちがほしい、家ばかりはあきあきだ、スポーツがしたい、仲間と音楽をやりたい、学びたい、そんなことを求めている子どもたちもいるわけです。

つまり、場があることがいけないのではなく、場を絶対化してそこに行かないとだめだというプレッシャーをかけることがいけないのです。行かないことで劣等感を感じてしまうことが問題なのです。ちょうど学校が、子どもにとってそういう位置にあるように――。

私も、登校拒否を考える会の親たちも、学校信仰を取り去り、学歴社会の価値観を変え、学校を相対化することの大切さを学んできました。また、子どもが育つのは学校だけじゃない、という考えから学校外の居場所・学び場をつくろうとしていたので、この四人の申し出はとてもよくわかりましたし、また重要だと思いました。

そこで四人には、東京シューレが存在することで生じるマイナスに子どもが苦しめられないように、親にも極力理解してもらい、社会にも発信して、私たちも常に忘れずに取り組んでいくことを伝え、自戒ともしました。

ですから、パンフレットの募集要項には、次のように記しました。

「募集対象――現在、学校へ行っていても、行っていなくても、東京シューレの趣旨を認め、そこで学んだり、友だちをつくったりしたい子は誰でも可。もっとわかりたい、おもしろいと思える勉強をしたい子をはじめ、登校拒否、勉強がきらい、ついていけないと言われている子、『障害』を持った子、すべてご相談ください」

そして最後はしっかりと「ただし、親の希望ではなく、本人の希望であることが原則です」と結びました。

本人の希望が入会条件というのは、その後三十年間つらぬいてきました。のちに入会してきた多くの子から「いつ入会してても、いつ退会してもよい、本人が決めるのだ、という姿勢がある場なので安心して入会できた」と聞きました。

この、本人の自由を保障する点は当然とはいえ、公的支援のないフリースクールでは厳しいことでもあるのです。どんどん入ってもらい、辞めないように説得するのが経営的にいいことになりますが、それでは東京シューレをつくった精神に反するわけです。子どもの自由を尊重しつつ、場を維持する大変さはずっと背負っていきました

しかし、そのことはいやいや入会している子がいないことにおいて、子どもたちにいい結果をもたらします。本人が希望しないのに親に入れられて、元気で幸せになるということはほとんどありません。それは高校選びや習いごとそのほか、なんにでも言えるかな、と思っています。

また、子どもが「行きたい」と言っても、言葉のうえではそう出ていることであって本音ではない場合、本音だけれど「行かねば人生の落伍者になるしかない」と思い込んでいる場合、親の期待がわかっているのでそう言うしかない場合、などいろいろあり単純ではありません。

登校拒否の子どもの場をつくるには、親の子どもへの理解がとても大切です。子どもの気持ちより、学校へ戻すことばかり願っている親のままでは、たとえ居場所が見つかっても、子どもは苦しいので本当の元気になりません。また、学校にこだわっていなくても、自分で子どもの育ちに向きあわず、預け先を探してお任せ主義というのも、うまくいきません。

登校拒否を考える会をやってきたこと、やり続けながら並行してシューレをやってきたことは、その意味でとても意義深いことでした。

そこで、入会を希望される親の方には、単なる説明会ではなく、週一回計四回の学習会に来ていただいて初めて子どもの入会になる、という厳しいやり方も、はじめの数年はやっていました。当時の親の方々は、よくお付き合いくださったものだと思います。

教育委員会の訪問

そうやってオープンした東京シューレですが、早くも二日目にドキッとすることが持ちあがりました。

朝十時、子どもたちが五、六人やって来て談笑しているところへ、アポイントもなくいきなり三人の背広の男性が、ドアのところに立っていたのです。

「北区教育委員会のものです」

えっ、いきなり押しかけて来て失礼じゃないの、何しにやって来たのだろうと、不安になるやら胸さわぎがするやら——。ともかくスタッフに頼んで子どもを奥に連れて行き、部屋に入ってもらい、来訪の目的を聞きました。

「どういうところか見せていただきにきました」

悪いことに当時の東京シューレは、雑居ビル三階にある、ウナギの寝床のような細長い、狭い一室。アコーディオンカーテンとパーテーションで区切って使っていたので、玄関ドアを開ければ奥まで一目で見えてしまいます。

「落ちついて、落ちついて」と自分に言い聞かせながら対応しました。

「今朝の新聞を見て、どんなところか見せていただきに来ました」

「今朝の新聞？　私たちにはなんのことかわかりません」

「では」と新聞のコピーを手渡されました。

社会面に、東京シューレについての記事が載っています。おまけに文部省の「義務教育になじまない行為」「実情を調べたい」というコメントまでついています。それで、北区教育委員会も放ってはおけなかったらしいのです。

了解もしていない新聞報道が載るやら、「義務教育になじまない」と頭から否定されるやらで、前途多難だなぁ、と思いましたが、なげいている暇はありません。

三人を前に、シューレの案内書を見せて一生懸命に説明しました。ここは夕方からは学習塾で、学ぶことの楽しさを味わえるような十講座を用意していること。登校拒否の子どもたちは学校には行かない、行けないとしても、友だちがほしい、勉強やスポーツをしたい、というニーズを持っていること。昼間はその子たちも利用できるように、一年半前からやっている「登校拒否を考える会」の親のみなさんの要望と協力のもと開設したのだということ。こういう居場所や学校外の学び場が、学校に行かない子、行けない子の成長をずっと支えることになることなどなど——。

「認められない」などとなったらと思うと、私も「天下分け目の関ヶ原」というような気持ちで必死でした。考えてみると、行政だって登校拒否は増える一方で、どうするかと困っていた状況もありました。ここに来て、友だちをつくったり、学習したりするのが悪いことだ、とは言えないはずです。そういう意味では、実践は強いと思います。

教育委員会の三人は、結局「わかりました」と引きあげていきました。

アコーディオンカーテンの向こうで息をひそめて聞いていた子どもたちがどっと出て来て「よかったなあ」「何もいわなかったね」と喜んでくれました。

ただ「義務教育になじまないから、実態調査する」という文部省のコメントには納得がいかないものがありました。学校が学ぶ権利を満たしてくれないので、市民が自前で動いて、ささやかでも子どもの学び育つ権利を保障するためにつくった場所に、文句をつけてその灯を消そうなんて許せないと思いました。

それに、文部省にはどんな情報が伝わって、このコメントになったのだろうかと疑問に思い文部省に電話をして、驚きました。

「ああ、あの新聞の記事は捏造《ねつぞう》ですよ、実態を調べることはありません。親御さんが悩んだ末の行動でしょうから、とやかく言うことはできません」

新聞社に抗議をしても「文部省がそう言った」と水かけ論になってしまいました。こうして、出港した船は最初に大波をかぶりました。けれども、こちらは間違ったことはやっていない、子どもたちの成長を支えているのはこちらだという自信もあり、大勢の人がつながってやっている心強さもありました。

しかし、新しいことをやるのは、社会に受け入れられるまでにいろいろあるものです。子どもがシューレに来ているとわかったある校長は「シューレに行けるなら、学校にも来られるはずだ。すぐ来るように」と電話をかけてきました。小学校のPTAからは「登校しないで、好きな所へ行くなど勝手すぎます。いまからその子を迎えに行って、学校へ連れ戻します」という電話もありました。もちろん、親子になんの了承も得ていないのです。こういった理解のない人たちへの対応も大変だったことを思い出します。

元気になる子どもたち

ウナギの寝床のような、狭い雑居ビルの一室ではじまった東京シューレ。その狭さや、お世辞にもきれいとは言えない空間で、想像もできない宝物が育まれていきました。もっともそれはあとから言えることで、その日その日は、悩んだりどうしていいかわからなかったり、ただ一生懸命だっただけでした。そんななかで、子どもたちはすばらしく成長して、子どもが学び育つ場としておもしろく、楽しい毎日でした。この北区東十条のパン屋の三階にいたのは、一九八五年から一九九一年までの六年間ですが、それは東京シューレの基礎ができた貴重な時代でした。

登校拒否の子どもたちは、はじめは不安そうにやって来ました。けれども、ここは自分を否定しないところ、自分を受け入れてくれるところとわかると、安心してやって来るようになりました。よくあったように学校へ引き出されることはありませんから。

その頃は、見学に来た子のほとんどが入会しました。そして短期間で元気になっていきました。それは私の想像以上でした。かたい表情がやわらかい、いい表情になり、いつも表情を崩さない子が、喜怒哀楽を素直に見せるようになりました。

三年も家に閉じこもっていた色の白い子が、三か月でほほに赤みを帯び、健康そうな顔色になりました。髪の毛をすだれのように垂らしていた子が、ある日散髪をして顔が現われるのでした。黙っていた子はしゃべるようになりました。親から「東京シューレに入ってから、家庭内暴力が落ちついてきた」と聞きました。これらの変化は、居場所ができたこと、自分一人じゃないとわかったこと、登校拒否はだめなことではないと気が付いてきたこと、友だちができ、学習もでき、信じられる大人もいることなどからもたらされたのだと思います。もちろん、親が理解をしてくれていること、東京シューレと出会って、登校拒否をしてもいろいろな人生が送れるという実際の例を知ることができたことも大きかったのでしょう。

個々の気持ちや意志を尊重するといっても、長い間教員をやってきた私は、学習や行事にみんなといっしょに参加しない子が気になっていました。

ある時、講師をお願いし、知人の学校まで行ってロクロを借り、焼き物の授業を行いました。すぐそばにいてマンガを読んでいる男の子がいたので、私は「今日の先生は焼き物の専門家だから、もっと上手に作れるようになるかも」とたたみかけるように言ってしまいました。その時、彼に「奥地さんはみんなといっしょにやらせたがりだね。元学校の先生だからね」と言われ、ハッとしました。

「そうか、教師としての二十二年間、私は四十人の子が一人もこぼれることのないように気配りし、どういっせいに集中できるかの術を磨いてきた。だから、はずれる子がいると違和感を持つんだ」と気が付きました。

子どもたちは二年目から、新入会の子どもの紹介や自由投稿などを掲載する東京シューレ通信を発行しますが、その時も似たようなことがありました。朝会やホームルームがなく自由に通ってくる東京シューレでは、予定の周知、情報提供、報告や呼びかけは、東京シューレ通信がとても重要な存在です。一年目は私が発行していたのですが、二年目からは子どもたちが作るようになりました。それは充実しており分厚いものでした。毎月八十～九十ページにもなり、それを次々と重ねて文集のようにホッチキスでとじていきます。多くの子どもたちが編集部に自発的に協力していました。

しかし、ある子はすぐそばにいながら、マンガを読みふけっていました。私はつい、「いっしょに通信を作ろうよ。自分も読むでしょ」と声をかけました。その子はいやそうに身体の方向を変えました。それを見た編集部の子が「奥地さん、おせっかいしないでいいんだよ。ぼくたちは、いっしょにやろうと思っている子が手伝ってくれればいいんだから」と言いました。

子どもの言葉に教師時代につけたあかをはがされる日々でもありました。

『東京シューレ通信』製本作業

社会に発信する子どもたち

子どもの人数が増え、スタッフを一人また一人と増やし、足の踏み場もない狭さのためアパートを一軒また一軒と増やしました。スポーツや合宿も楽しく盛り上がりました。

子どもたちは単に傷を癒し、元気になっただけではありません。力を合わせて戦い始めました。私にはそう見えましたが、学生運動のように旗を振ったわけではない静かな変化でした。

一九八六年中野富士見中学校でいじめ自殺がありました。弁護士たちといじめを考える集いに多くの子が参加して、発言しました。一九八八年には、弁護士とともに、子どもの人権を考えるシンポジウムでシンポジストとして発言、堂々と自己の意見を述べ、「子どもたちの人権宣言」が採択されました。そこにははっきりと学校の体制や校則への批判とともに「ぼくたちは学校へ行くことを強制されない」とありました。この宣言は、弁護士とのつながりで出会った、学校に行っている子たちとシューレの子たちで意見を出し合い、シューレの子たちが起草したものです。

同年「登校拒否は怠け」という文部省アンケートに「子どもたちが調べれば違うんじゃないか」という声があがりました。そして、世にも珍しい「登校拒否の子どもによる登校拒否アンケート」が始まったのです。全国から二六五通の回答が寄せられ、一九八九年東京シューレ四周年祭で発表、新聞報道もされました。この手作り冊子は一五〇〇〇冊も売れ、この頃のシューレは電話、発送、印刷、製本などに追われまるで戦場のようでした。子どもたちは、社会の登校拒否への誤解・偏見・差別と戦っていたのです。「怠けじゃない」という子どもの声は、新聞にも報道されました。その後の国や都のアンケートが変わったのには、私自身も驚きました。

東京シューレの歴史は不思議と五年ごとに説明できるのです。第二期の一九九一年から九五年はその前の五年間を土台に、発展期ともいえる時期だったと思います。

五周年祭の頃、入会を希望するウェイティングリストは一〇〇人を超えていました。そこで、もう少し広い場所を求めて移転先を探しました。子どもたちは「場所探し委員会」を立ち上げてくれました。

電話を受ける筆者

幸い、地域の人の情報から、現在使用している王子にある一棟のビルが見つかりました。小さいビルとはいえ、毎月一〇〇万円台の家賃はとても無理と思いました。しかし、ビルの持ち主の社長さんは中学時代に、いじめを受けたつらい経験から、東京シューレのような居場所があったらどんなによかっただろう、と家賃をなんとか払える値段に下げてくださいました。

この頃の学校の状況はまだひどいもので、管理教育を象徴するように、神戸で一九九〇年七月に校門圧死事件が起きる始末でした。シューレの子どもたちはその一周忌に、屋上から「校門圧死事件を許すな」という垂れ幕を作り、抗議の意志を表しました。

また、瀬戸内海の小島にあった登校拒否や非行を矯正するという「風の子学園」で、九一年七月、真夏のコンテナに入れられた少年少女二人が死亡しました。

少年は校則違反の反省のため、少女は中学時代の不登校と就職しても続かない自分を直すために入所しました。しかし、少年の親は、日常の子どもの扱いがよくないことに疑問を持ち退所させようとしました。退所されると経済的に困ると考えた園長は、少年がたばこを拾うよう仕向け、拾った二人を罰としてコンテナに監禁したのです。それだけでもひどい話ですが、園長はその夜、酒を飲んで監禁したことを忘れてしまったのです。二日めの夕方思い出してコンテナを開けた時には、二人とも高温のなか、蒸し焼き状態ともいえる悲惨な姿で絶命していました。

この事件に東京シューレの子どもたちは、広島の子どもたちとともに抗議、また九二年七月には、その一周忌に広島で開催された第一回全国子ども交流合宿に準備から参加、「こんなことは二度とごめんだ」と意思表示をしました。そして、全国の子どもがつながり合うため、以後毎年夏に子ども交流合宿を行なうことになりました。

こういった親の会やフリースクールの活動は、国の登校拒否政策にも影響を与えたようです。1章でもふれましたが九二年には、「誰にでもおこりうる登校拒否」ととらえ、民間施設も出席に認めようという国の方針が出され、それを好機とみて、シューレの子どもと親が通学定期適用運動をやり、全国のみなさんの協力や議員の力添えもあり、九三年には実現しました。

九三年には東京シューレは新しい活動を始めました。在宅で育っている子どもの成長を支援し、その家庭どうしがネットワークでつながる「ホームシューレ」です。

日本では、家庭をベースに育つことを否定的に見が

「風の子学園事件追悼集会」

「風の子学園事件」
子どもたちが閉じ込められたコンテナ

ちですが、欧米ではホームスクーリング、ホームエデュケーションといって、教育の一つの在り方として社会に通用しています。無理にどこかの集団の場に通わせるのではなく、家で育ち成長できることを知らせ、広める必要を感じたのです。

そのきっかけは、フリースクールが学校の出席日数にカウントされることになってから、子どもの意志に反して無理にフリースクールに通わせられる子どもが増えたことでした。そして、フリースクールに来たくない子どもに「フリースクールにさえ通えない子」という目が向けられ、なんとかしなければと思いました。

九四年四月には、国際シンポジウムの「ＩＤＥＣ」を開催。会場の有楽町・朝日ホールには九〇〇〇人もの人が集まり驚きました。

この年には多くの人のおかげで古民家を手に入れ太田シューレを開設。九五年はいじめ報道番組でシューレの活動を知った方からの申し出で、広いワンフロアのマンションに新宿シューレを開設、三か所のスペースを合わせて二〇〇〇人近い会員となり、十一月には子ども実行員会の手による、盛大な十周年祭が行われました。東京シューレが質・量とも発展し、行政の対応もソフト化していた時代でした。

東京シューレ活動の歩み

第三期ともいえる一九九〇年代後半は、シューレでは冒険が広がった時代です。九四年の日米フリースクール交流に続き、翌年には「ユーラシア大陸横断旅行」に出かけました。日本海から北海までシベリア鉄道に乗って、陸路だけで中国、モンゴル、ロシア、ドイツ、ポーランド、オランダと夏休みの一か月をかけて壮大な旅をしました。ポーランドでは独立学校の高校生五人が、バスを三日間チャーターして案内してくれ、アウシュビッツも連れていってくれました。

九六年には四年半ほどかけて、土地探しや設計、カナダまで行って作り方を学んで、長野県に建設していたログハウスが冬の直前に完成しました。聖高原で一番大きいログハウスを青少年で建てたとは、と村長さんが感激していました。その後、全国からメンバーが集まり泊まり込みながらログハウスシューレも行いました。

社会問題への発言も盛んで、特に九七年には児童福祉法改正で、教護院が「児童自立支援施設」に変わり、不登校の子どもを入所させ生活指導をする方針を知り、子どもたちは自発的に「子どもの声をぶつける会」を結成して、厚生省や国会にも見直しの要望を届け、ついに超党派で附帯決議がなされ、歯止めができたのはすごいことでした。

この年の九月にはいじめ自殺や、学校が燃えれば行かなくてすむと考えた中学三年生が学校に放火した事件が起きました。私は、学校以外にも道があることを知らせたい、不登校関係のメディアがほしいと切に思いました。そこで、シューレの子どもたち、スタッフ、全国ネットの親の方々に協力してもらいながら、「不登校新聞社」を立ち上げることにほん走しました。九八年五月から「不登校新聞」（現在のＦＯＮＴＥ）を創刊、現在は、シューレで育った青年が編集長をやっています。

九九年には、若者たちで大学を創ろうという気運が盛り上がり、入試なし、年限なし、自分が探求したい、表現したいことに取り組むオルタナティブ大学としての「シューレ大学」がスタートしました。


第四期は、二〇〇〇年からの五年間ですが、広くいろんなところと「連携」が進んだ時期です。

まず、ＩＤＥＣ（世界フリースクール大会）の日本開催をシューレの子どもたちが中心になって実現、一週間にわたる多彩なイベントは大好評でした。フリースクールやホームエデュケーションは世界的に見れば、普遍性を持っており、参加した子は自信にもなりました。

そして二〇〇一年、ＩＤＥＣをきっかけに一年間の準備期間を経て「フリースクール全国ネットワーク」が誕生します。しかし偏見が強く結成の朝、「はき違えた自由が不登校を生む」と文科大臣の発言があり、日本の時代遅れを感じました。

翌年にはニュージーランドＩＤＥＣに日本から四十人もの子どもや若者が参加して、東京シューレからもたくさん行きました。また、フリネット主催の「カルチャーフェステバル」は廃校を借りて初開催、実行委員会はシューレの子どもたちで盛り上がり、七〇〇人もの参加者が来てくれました。

大人たちは二〇〇二年、「不登校問題に関する調査研究協力者会議」の動向が心配で、社会に呼びかけ緊急集会を開いたりしましたが、残念なことに登校圧力は増加しました。

二〇〇三年には、ひきこもりサロンを始めることになり、雑誌「イリス」が創刊されます。また、千葉県との協働事業として「流山シューレ」をオープンさせました。そしてこの年は吉川英治文化賞と朝日のびのび教育賞をダブ

2000 年「IDEC 世界フリースクール大会 in 日本」

ル受賞しました。

二〇〇四年は、シューレ大学が台湾に教育調査旅行、フリースクールではインドのIDECへ参加するなど、海外交流も活発でした。

第五期は二〇〇五年からの五年間ですが、「発信」が積極的に行われた時期です。まず、東京シューレ二十周年祭をヤクルトホールで開催して、『学校に行かなかった私たちのハローワーク』やOB・OGの調査報告書『今、ここに生きている』を刊行、また奥地は『不登校という生きかた――教育の多様化と子どもの権利――』（NHK出版刊）『東京シューレ子どもとつくる20年の物語』を出版しました。さらにホームシューレの活動をもとに親と子どもの手記をまとめた『子どもは家庭でじゅうぶん育つ』を刊行するなど、本の発行が相次ぎました。

一方、フリースクールの公教育化を考え、教育特区を活用して、私立中学校を創る計画が徐々に進み、子どもたちは「フリースクールの学校を創る子ども評議会」を作って、これまでの不登校経験をもとに「こんな学校にしたい」と一年間議論を続け、意見を出してくれました。

二〇〇六年が明けてすぐ「学校法人東京シューレ学園設立発起人会」が発足、寄付活動にも多くの方々の協力をいただき、七月には葛飾区が内閣府より特区認定、十一月には東京都より学校設立が認可され、多忙でしたが夢のある一年でした。

しかし、シューレの外では〇六年秋からいじめ・いじめ自殺が大きく社会問題化していました。シューレの子どもたちは積極的にマスコミの取材を受け、「だまっていられない」と今まで発言したことのなかった子まで、当事者の気持ちを語ってくれました。シンポジュウムや『子どもに聞くいじめ――フリースクールからの発信』を出版するなど発信の活動を続け、子どもたちは「いじめにあったら学校を休んで」「学校以外にも道はあるよ」と共通して訴えていました。

二〇〇七年三月に、シューレは「教育多様化への提言」をまとめています。もはや、学校の相対化、学校以外も選択肢にしていくことが子どものいのちにもかかわる急務でした。この提言がのちの新法を求める運動につながっていく土台となります。

そして四月、ついに東京シューレ葛飾中学校が開校、秋のフリースクールフェスティバルはこの年からシューレ中学で開催となっていきます。

一方、フリースクール高等部の通学定期問題解決をはじめ、フリースクールへの公的支援を求めて国会議員と面会する活動のなか、二〇〇八年五月には「フリースクール環境整備推進議員連盟」が発足しました。

シューレ大学はこの年から国際映画祭を開催して、今にいたるまで活動が積み重ねられています。

政策提言をなんとか実現させたい、もう少しフリースクールの地位向上を求めたかったシューレは、フリースクールネットワークに「日本フリースクール大会」（ＪＤＥＣ）開催を働きかけました。そして二〇〇九年一月には、第一回大会を開催して「フリースクールからの政策提言」を採択、議員連盟や文科省に提出しました。二月には高等部の通学定期問題のうち、高校在籍者でフリースクールに通う人には通学定期が可となりました。

五月、長い間、不登校やシューレの精神的支柱であった渡辺位さんが永眠され、衝撃を受けました。でも学んだことを伝えていこうと「親ゼミ」は渡辺さんが亡きあともずっと現在まで続いています。

八月には「登校拒否・不登校を考える夏の全国合宿・全国子ども交流合宿」が二十回を迎え、子どもの権利条約国連採択二十周年でもあったことから、シューレの子どもたちは「不登校の子どもの権利宣言」を発表しました。夏休み返上で、自分たちの経験を出し合って十三条の条文をまとめたものですが、満場の拍手で採択されました。質が高く、その後多くのみなさんに広がり読まれていきました。

第六期となる二〇一〇年代は、全国的なつながりのなかでの活動が広がりを持ったことが特徴でしょうか。

二〇一〇年七月には、東京シューレ二十五周年を迎え、助成金もあったためとても多彩な活動を展開するができました。大ホールを使ってのイベントはもちろん、子どもたちが招きたいと思う講師による公開講座、ＯＢ・ＯＧ三十二人のインタビューを収録して、二十五年の歩みがわかる『僕は僕でよかったんだ』の出版、そして映画「不登校なう」の制作に子どもたちは着手しました。映画は翌年の十二月に見事完成、北とぴあでの試写会のあと、全国各地で上映されるようになります。

二〇一一年、第三回ＪＤＥＣではアメリカからパット・モンゴメリーさん、行政より鈴木寛さん、小宮山洋子さんを招いて「(仮称) オルタナティブ教育法」の骨子案を採択しました。

三月十一日には、あの東日本大震災・福島原発事故が起こりました。シューレのどのスペースでも帰宅困難となり、夜通し対応しました。幸いけが人はいませんでしたが、数日間の閉室、さまざまな不安への対処、防災マニュアルの見直し、そして東北の被災地支援プロジェクトを立ち上げました。

二〇一二年はフリースクールに通いながら高校卒業資格が取れる「高校コース」を導入しました。これはシューレの高校課程を求める声が多いなか、札幌自由が丘学園三和高等学校と連携して可能となったもので、ホームシューレ会員にもコースを設定しました。これで高校へ行くためシューレをやめていた人たちの歯止めとなるとともに、シューレ中学からの入学者も増え、他校からの編入や転入もあり、経営上も安定してやっていけるようになりました。フリースクールの体験と高校の学習もできるよさを兼ねていることで、人数が増えつつあります。

二〇一二年の夏は大津中学いじめ自殺に端を発して、またいじめが社会問題化しました。子どもたちはインターネットで動画配信をするなど積極的に訴えかけ、ある国会議員の尽力で文科大臣（当時は平野氏）に六人の子どもが直接会うことができ、自らの意見を述べてきました。「爆笑問題」はいじめのない学校と聞いて、ＮＨＫの番組「探検バクモン」の取材でシューレ中学に来校して、子どもたちと話し合っていきました。

この年の十月、これまで「オルタナティブ教育法」を目指していましたが、教育機関を応援するのだけれど、原点は子ども一人ひとりの学ぶ権利を保障することだ、ということで名称を「子どもの多様な学びの機会を保障する法律」と改名しました。

二〇一三年十一月に東京シューレが「社会貢献者表彰」を受け、十二月には広島大学大学院から「ペスタロッチ教育賞」を受けるなどうれしいことが重なりました。

さて、二〇一四年は、六月に議員連盟が新しく発足、九月には総理視察となりました。このことは第一章で述べましたのでお読みいただければ幸いです。シューレの内部では「流山シューレ」が千葉県との協働事業が終了したため、場所を民間マンションに移して、週五日の開室で継続することになりました。

こうして二〇一五年七月十二日には三十周年を迎えることになります。

東京シューレの説明会資料には、次の五つの理念が述べてあります。

①子どもの居場所であること（自分が自分であっていいと思えること）②やりたいことを応援されること③自己決定が尊重されること（自由ということ）④子ども達で創っていくところ⑤

違いを尊重しあう――

三十年つらぬいてきたバックボーンです。こうしてこそ、かけがえのない一人一人の個が安心して成長できると思います。

第3章

登校拒否から見えてきたこと

わが子の登校拒否

私の人生のなかで、最も大きな衝撃を受けたのは登校拒否でした。それも、わが家で起きた息子の登校拒否が、最初の出会いとなりました。

ことの始まりは、転居による転校でした。一九七八年頃のことで、全国的にはいじめが広がっていました。日本の登校拒否は一九七五年から四半世紀以上増加し続けます。増え始めて三年めとはいえ、周りにそんな子は見たこともなく、はじめは登校拒否をも知りませんでした。

転校先の学校で、子どもはいじめを受け始めました。いじめは異質排除の構造といわれますが、転校生へのからかい、ちょっかい、そこからいじめていい対象となるのは、さして時間がかかりませんでした。クラスでたった一人メガネをかけていたことも、いじめの理由になったらしく、ある日はメガネに石をぶつけられ、車のフロントガラスに小石が当たって無数のひびが入ったようなレンズで帰ってきました。下校途中、カバン持ちをしようということで、自分のカバンを持ってもらったとたん、ドブに捨てられ、教科書もノートもずぶぬれのまま帰宅したこともありました。「遊ぼうぜ」と何人かに誘われ、喜んでいっしょに運動場に出た休み時間、回旋塔につかまって回してもらっている時でした。雨上がりの水たまりで止められ、懇願しても回してくれず、ついに腕がもたなく、落ちて水たまりに尻もちをつき、衣類を全部着替えるしかなく、一人だけ体育着で授業を受ける羽目になりました。それからは、休み時間は急いで図書室に逃げて過ごすようになりました。

授業中も安全ではなく、うしろの席の子がとがった鉛筆で、頭のつむじを突っついてきます。「やめろよ」と言っても何度もやられます。そこで大声で「やめろよ！　痛いだろ」と言うと「何もやってねえだろ。いんねんつけるなよ」とやった子が言い、「やっただろ」「やってねえよ」と言い争いになってしまいました。それを先生が聞き、「授業中に二人ともなんですか。前へ出てらっしゃい」と出され、「ケンカ両成敗です。握手をしなさい」という指導をされました。息子は、なぜ謝らなくてはいけないか納得できず手をうしろに回したら、その手を先生が引っぱりながら「あんた強情な子ね」と言い、クラス中が笑い、そして先生の手と子どもの手を重ね「ゴメンナサイ、これからはケンカはしません」と先生が言って、席へ戻されたというのです。

「なぜ先生は、何があったのと聞かないで、謝らせるんだ」

「なぜ、みんなに笑われるようなことを先生が言うんだ」

それが小学三年生といえども不信感になりました。

先生と話したり、連絡帳で知らせたりしましたが、通じない先生だと感じました。前の学校がいいなと言っていました。学校の空気も居づらいようでした。

そのうち朝になると、腹痛、頭痛を訴えたり、吐き気や微熱も伴う日が増えてきました。今では、登校拒否の初期症状として知られますが、当時は、具合が悪いんだと思い、学校を休ませ、医者に連れて行きました。医者も「風邪じゃないの、三、四日休ませなさい」と言い、風邪薬が出ます。休んでいれば元気になる、元気になれば、「明日から登校できそうだね」と私が言う、子どもは本音ではないけれど、「うん行く」と次の日から登校しました。あとから考えると「うん行く」と言うしかないことがわかりますが、当時は言葉の表面しかとらえていなかった私は、治ったと思いホッとします。でも、間もなくまた体調が悪くなり、また欠席するのでがっかりする、の繰り返しで悩みました。この、行ったり休んだりの「五月雨《さみだれ》登校」は、ほんとは無理ながんばり登校をさせてしまったことになります。

ずっと身体症状は続いていました。それが「学校休みたいよ」というギリギリのサインとは気付かず、どうしてこう弱いのかとか、わがままで忍耐力のない子に育ててしまったのだろうか、と自責の日々でした。

先生の対応によっても違い、四年生ではほとんど休まないで登校できた学期もありました。五年になってまた先生が代わり、毎日学級だよりを出す先生で、私から見たら熱心ないい先生だと最初思いましたが、息子は「何がいいもんか、息苦しいばかりだ」と体調の悪さが続きました。

ついに全く行けなくなったのは五年生の運動会後でした。学年全体が一糸乱れず演技できるまで九月の炎天下で練習、練習の日々。連絡帳で「疲れたら休ませてやってください」と書いても、本人が勇気をふるって、学年主任につらいと申し出ても、「おまえだけがつらいんじゃない!」と認められず、帰宅したらヘトヘトでまず寝て、夜八時九時にやっと夕食を食べる状態でハラハラしました。運動会は、演技も鼓笛隊も係も無事やりきりましたが、家に帰り着き、靴を脱ぐため玄関の上がり口に座ったまま、立ち上がろうとするのに立ち上がれなくなってしまいました。私がうしろからヨイショと立たせようとしても、腰が抜けたような状態で、トイレに行くにも本人ははって行きました。そのうえ、もっと困ったことに拒食症になってしまいました。ほしいと言った生ジュースが喉を通ったと思ったら口を手で押さえて吐く、プリンをあげても吐く、あたたかいものならと、みそ汁を作っても食べてすぐ吐いてしまいます。透明な水だけは吐きませんでした。

私たちの身体は消化したり、体温や血圧を保ったり、生命体を維持するためのエネルギーによって支えられているわけですが、学校と付き合うため必死でエネルギーを放出して、運動会という目的が終わったとたん、急激なエネルギー枯れで消化すらできなくなったのでした。どんどんやせていきました。何が起こっているのかもわからず、トンネルの中で出口が見つからない困惑の日々が続きました。

心と身体は一つ

食べ物を受けつけなくなり、やせていくわが子を見るのは、なんともつらいものがありました。どうしたら食べてくれるのかと、料理を工夫したり、郷里広島から海産物や果物を送ってもらったり、車でレストランに連れて行ってみたりしましたが、さして効果はありません。もう、学校どころではありません。医者は「しばらくゆっくり休んで、エネルギーが甦ってくるのを待ちましょう」と言います。私はそれまで休みがちな我が子に、なんとか毎日しっかり通学できるようになってほしいと思っていましたが、「学校のことは忘れて、ゆっくり休もう。好きなことをしてていいんだよ」と話しました。学校からは「では、毎日の欠席届はいいですから、しばらくまとめて休むということで、登校できるようになったらお知らせください」となり、それまで休んだり、遅刻していくと、妹まで「お兄ちゃんの欠席届が出ていませんよ」と言われ、負担になっていたのが解放されることになりました。

つまり、拒食症になって初めて、ゆっくり休むことを認められた関係になったのでした。言いかえると、元気な間は、いや、少しでも登校できるうちは、登校しなくてはならないと周囲のすべてが考えているなかで子どもは暮らしており、かなりつらくても休めない状況があり、こうならないまでは休めなかったのだなと、あとから思って涙したけれど、その時は、自分たちのかかわりようについて気がついていませんでした。

ひたすらやせていくことにショックを受け、お風呂で背中を流してやる時など、肩甲骨がキュっと出ていて、ふだん横に洗っていたのに、縦にしか流してやれないのがふびんで泣けてきました。泣きそうになると、子どもが「お母さん、どうしたの」と言うので、泣きそうになるのをこらえて、ちょっと冗談を話しながら、明るく振る舞います。テレビをつけると、アフリカで飢餓にあった子たちのやせた映像が写され、それに似ていることがまた衝撃で、「豊かになってきている日本で、食べ物はいくらでも手に入るのに、こんなにやせるとは」と思って涙が出てきます。考えることは、自分の子育てを責め、「どこが間違って、こんなことになったんだろう、母親失格だ」と悩むだけの日々でした。

それに輪をかけるように、かかっていた病院でおそるおそる「どうしてこんなことになるのでしょうか?」と尋ねると、「これは登校拒否で、奥地さんのお宅は共働きで、赤ちゃんのころから保育園に預け、それも長時間保育とのことですから、幼児期の愛情不足が原因です」と医者は言います。それがショックで「では、私はなんのために働いてきたんだろう。子どもをこんな目にあわせてまで働いて何になるんだ。共働きはエゴではないか」と悩みました。それなら、仕事を辞めたほうがいいだろうか? でも年度途中でクラスを放り出すのも無責任ででききないし、と苦しい気持ちが続きました。でも、心の隅で「ほんとかなあ。保育園に預けたらこんなふうになる?」という疑問もあり、医者が話すことのすべてを信じることはできませんでした。私は、子どもが誕生した時の感動で教育実践まで変わるという「いのちへのいとおしさ」のようなものを実感してきていたので、愛情不足というのはそうだろうか、と鵜呑みにできなかったのです。

なぜこんな状況になっているのか見えていない頃は、次々と混乱が生まれます。小さい子が三人いて、共働きで日々忙しくやっている、長男は拒食症でしんどい、という時、当時夫は会社員で、七〇年代の行け行けドンドンの時代、夜の帰りが遅いのです。つい「もっと早く帰って、子どもの相手や家事をしてよ」と文句を言うことになります。けっこう家事はしてくれていた夫ですが「登校拒否はよくわからない」ことと、当時の常識がこう言わせます。

「子どものことは、母親の責任だろ。なんでこういうことになるんだ。共働きが原因なら仕事を辞めろ。おれは、頼んで働いてもらった覚えはない」

それを聞いて、私も負けないで言い返します。

「あら、あなた結婚する時、これからの時代は、女性も仕事をしたかったらやっていいと思う、子育ても家事も両方の責任だって言ったじゃない。あなたも会社人間ばっかやっていないで、少しは早く帰ってよ」

そんな対立がうっかり子どもの前で出てしまうと、子どもが言います。

「やめて、ぼくのことで二人がケンカしないで!」

もうゴチャゴチャです。

子どもは落ちつかない時に無理難題を要求することもありました。拒食症になる前の〝五月雨《さみだれ》登校中〟の二年間は、イライラしたり、なかなか寝ないで遅くまでマンガやゲームばかりやっているので、「もう寝なさい。そんなだから朝起きられないのよ」と私が言って大ゲンカになりました。また子どもはその頃、弟妹にも当たりちらしたりしていました。夜中に突如、豆腐を買って来てくれ、チョコレートを見つけて来いと言い出して、「いま何時だと思っているの、夜中の一時、二時に売っている店なんかないよ」と話してもききません。いまのようにコンビニがどこでもある時代ではありません。かと思うと、学校から帰って来てすぐ寝てしまって、よほど疲れたのか、夕ごはんも食べないで朝を迎えてしまう、そのあげくの拒食症でした。

こういう出口の見えないなかで、ある時ポッカリ、明かりが見えたのです。いや、これら子どもの状況のすべてが、そういうことだったかとスーっと見え、拒食症がパッと治ってしまった出会いがありました。私の目のウロコをとられた原体験です。

児童精神科医の渡部位さんと出会う

それは児童精神科医の渡辺位さんとの出会いです。

都立病院にかかっていた時「うちより国府台病院の児童精神科のほうが向いていると思うから紹介状を出します」と転勤してきた医師に言われました。本当は二年前に、息子を渡辺位さんに診てもらいたく、国府台病院を訪ねていましたが、「必要なら医師が判断します」と小児科に回され、会うことができなかったのです。国府台病院では、脳波に異常があるから五〜六年は薬を飲むようにとか、家庭教育が悪いから学校が続かないなどと診断され、この医師の治療でいいのか不安になり、都立病院に変えました。都立病院では、「脳波に異常はなく、心電図に異常があり、自律神経失調症です」と言われましたが、通院してもさっぱり好転しないまま、時が過ぎていました。

「なんだ、二年前に国府台の児童精神科にかかっていたらな」と、その頃の私は、医師に治してもらうのだという意識でいました。そして「それなら渡辺位さんあての紹介状にしてください」と頼みました。私が当時かかわっていた『ひと』という教育雑誌の編集部が、「渡辺位さんは子どもの立場に立って診てくれる先生だ」と話していたからでした。

紹介状を持って国府台病院へ行くと、なんと渡辺位さんの予約は三か月待ちでした。登校拒否が増加し始めるのは、文部省の学校基本調査では一九七五年からですが、それから五年たった一九八〇年の話です。診察までの三か月の間、子どもはずっと拒食症で苦しんでいたということになります。

やっと予約日が来て「病院に行こう」と言うと、子どもは拒否しました。「ぼくは医者にはもう行きたくない。何人の医者に会った？　少しもよくなってないじゃないか。そんな問題じゃないよ」

たしかにそうなのですが、「渡辺先生はいい先生だというし、一度だけでいいから会ってみない？」と話すと、子どもはしぶしぶ「一度だけなら」と受診してくれました。家から車で十分ほどの近さだったこともあってのことだと思います。

渡辺先生に私は「この子は一度だけと言ってるんですが」と訴えるように言いました。先生が「いや、しばらく通ってこようね」と話してくださるのではないか、医者の言うことなら息子も聞くのではないか、となんとなく思ってのことです。しかし、渡辺先生は、ともなげに「じゃ、一度、今日だけ会いましょう」と答え、子どもはちょっとホッとした様子で、二人で話し始めました。渡辺先生から「あ、お母さんは、そっちに座って、聞いていてください」と言われ、私は同室内の少し離れたところでひとことも言わずに聞いていました。

子どもは渡辺先生と学校のことをしゃべりまくっていました。「ぼくがぼくでない気がする時がある」といったのは、班競争のことでした。漢字テストで一つまちがえると校庭一周、班六人で十九個の間違いがあると、班の全員が連帯責任で校庭を十九周走るというのです。でも、罰によって次の日みんな間違えないかというとそんなことはありません。体調が悪い日でも走らなくてはならないのでとてもつらいのです。そこで子どもはある日、「罰で走るのをやめて、その時間に間違えた字を練習するとか、教え合うとかした方がいい」と学級会で提案したと言うのです。でも、「罰がないと勉強しない」という理由であらたまらなかったそうです。「仕方なく走っている時、ぼくがぼくじゃない気がする」と言う息子に渡辺先生は全く共感して、聞いてくださっていました。その話は私も知っていて、まるで江戸時代の五人組制度だと思い、担任にもおかしいと伝えたことがありました。

子どもの話のなかには、私がよかれと思ってやったこともありました。拒食症になってから、「学校のことはもう考えなくてよく、しっかり休んでいいことになったのはいいけれど、友だちと遊べないのがつまらない」と子どもが言ったのです。いま考えると、そのつまらなさを私にわかってほしくての訴えだったと思いますが、私は単純に、さっそく担任に会い「友だちをよこしてください」とお願いしました。すると、毎日夕方六人ずつクラスの子が来てくれるようになりました。毎日おやつを用意しながら、「班でローテーションを組んで機械的に来るのはおかしいけれど、友だちが来てくれるのはいいことだ」と、なんとなく思っていました。

しかし、私の目の前で子どもは渡辺先生に話しています。

「友だちが来てくれるのもいいことか悪いことかわからない。縄がよじれるような気持ちになる。帰る時、『早く学校に来れるようになってね』『遠足の時は来るよね』と、かならず声をかけてくる。僕は答えに困る。『来月は無理な気がするけど、遠足の日は行くと思う』などと言う。でも、それができない。すると、『待ってたのに来なかったじゃないか』と言われるし、自分も『約束守れなくてごめん』と言わなきゃいけない。そうやって遊んでも楽しくない」

「どうやら学校は道徳教育で友情は大事と教育するらしいけど、学校に来るようにすることが友情だと勘違いしているかもしれないね。本当の友情は、〝いま学校へ行きたくない〟とか〝行けないよ〟という本人の気持ちをわかるところからはじまると思うけどね」

渡辺先生はこう言われました。

子どもは、そんなふうに理解されたことは一度もないのですから、ますます話しまくっていきます。私は横で聞いていて、ハッとしました。自分がよかれと思ってやっていたことが、実は子どもを苦しめていたのか、と気付かされたからです。

子どもの心を受けとめる

子どもと渡辺先生との話は二時間ほど、盛り上がっていました。こんなにわかってくれる人は初めてという感じで、次々話が出てきます。

約二時間の診察が終わって先生が席を立たれると、子どもはウーンと伸びをして、晴れ晴れした声で言いました。

「まるで羽根がはえたようにいい気分だ。こんなにいい気分は何年ぶりだろう」

そして続けて言いました。

「お腹がすいた。おにぎり食べたい」

その言葉がジーンと胸にきました。拒食症になってから、なんとか食べてもらいたくて、あらゆる努力をしてきました。家で作る食事はもちろんいろいろ工夫し、好きだったレストランに連れて行ってみたり、郷里の実家に頼んでおいしいものを送ってもらったりしました。でも、ちょっと箸をつけるだけでほとんど食べませんでした。

それが、自分からおにぎりを食べたい、と言っているのです!!

大急ぎで家に帰り、電気釜のごはんをチャッチャッと握りました。拒食症のあとですから、二〜三個でよかったと思いますが、いつのまにか全部握って二皿となりました。

それを子どもは、「うまい、うまい、おにぎりってこんなにうまいものか、まだ食べていい？」と言いつつ、全部たいらげてしまいました。親というものは、子どもがおいしそうに食事する風景が見られるだけで幸せなものです。いわんや、昨日までろくに食べられなかった子どもが、うまいうまいと食べてくれることは、言葉にならないうれしさでした。

それは昼ごはんのことでしたが、夕ごはんでも普通に食事ができてしまったのです。昨日まで食事ができなくて、すすめても首を振るし、悩んでいたのがうそのように、妹、弟も含めて、にぎやかないつもの食事が戻ってきたのです。

この日のことを「目のウロコがとられた」と言うのだ、と私は実感しました。不思議な感覚でした。その時、子どもは重要なことを言いました。

「お母さん、ぼくはぼくでよかったんだね。渡辺先生に会ったらそう思ったよ」

そうか、と私は深く気付くことがありました。私も夫も一生懸命本人を元気にしようとしてきたけれど、じつは「あんたじゃだめよ、早くよくなってよ」と本人を否定していたことになるんだなと——。

心と身体は一つでした。心が軽くなると身体もすっきりしたのです。

渡辺先生は子どもの心を受けとめて下さいました。でも、親の私たちは本人の心を受けとめるのではなく、私たちの求めるよい姿になってほしかったのです。それでは苦しくて、楽にはなれなかったのだとつくづく思いました。

私たちは親のくせに、そして、子どものために心から一生懸命なのに、なぜ心を受けとめることができなかったのだろう、なぜ渡辺先生は初めて会ったのに、それができたのだろうと考え込みました。

渡辺先生と私の違いは歴然としていました。私は子どもが学校へ行って当たり前と思っていたし、休みが多いのは困ると感じていました。早く元気になって、普通に学校生活を送ってほしいと考えていたし、それができないのは、わが家の子育てが悪いのだとも思っていました。「お母さんもお父さんも、学校でいやなことがあっても乗りこえてきたよ」と、行きしぶっている頃に話したこともありました。

そういうことじゃなかったのです。子どもあっての学校でした。学校に行く子をよしとして、行かない子のことを考えていたけれど、生身のそこにいる子どもを原点に考える必要があります。子どもにとって学校がマイナスの関係であれば、それが押しつけられることはつらいものがあります。

渡辺先生は学校に行くべきだとか、多数が正しいとか、普通はこうだとかにとらわれていません。そこにある一人の子ども、一つの生命を見て、そこからのまなざしなのです。私も夫も、学校信仰の価値観を疑うことなくやってきていました。

そして子どもの視点で振り返った時、子どもの動きがわかってきました。いじめ、学校の息苦しさ、不信感を覚える教師の対応、それらはなんとつらかったことでしょう。また、それにもかかわらず、学校へ行くことを家族が期待し、休もうとすれば、エッ？　という顔をする母親、はじめのうちはどなったり、玄関外にたたき出したりしていた父親、体調が悪いなか、必死で運動会の練習に耐えた日々、どれだけつらかったことでしょう。

子どもは何も恥ずかしいこともだめなこともしていない、「ぼくはぼくでよかった」のです。あらためて、子どもにとって学校とは何か、教育とは何か、親とは何か、家庭とは何かを問われました。

私も夫も学校のことは、子どもの気持ちでいいと思いました。学校へ行きたければ行けばいいし、行きたくないとか、行きにくいなら行かなくてよい、そしてずっと行かないとしても、親の私たちが付いているんだから、子どもの一人や二人は育てられると思いました。

そういえば、私の祖母（子どもたちのひいおばあちゃん）は明治生まれで、小学校二年までしか学校へ行っていません。でも、髪結《かみゆい》として、美容師として、世話好きで誠実な人生をまっとうしました。学校だけでしか成長できないわけではなかったのです。

親としての学びが必要

親は子に、なんと深い影響を与えるものでしょうか。親の考え方が子どもを縛っていることは、ふだん見えにくいものです。自由にのびのびと育てているつもりでも、いっしょに日々生活しているなかで、価値観、考え方、文化など、子どもを知らず知らず支配したり、感性をつくっていったりしています。たとえ反発していても、その子の在りように深い関係を与えているのです。

渡辺位さんとの出会いからその後も、そうか、と思うことがいくつもありました。たとえば、登校拒否がひけめになって外に出たがらない、車に乗せてもフロントガラスより上に顔があげられなかった時期がありました。「学校を休んでいるのは悪いことじゃないんだから、堂々としてなさい」と言えば「ウン」と答えるけれど、頭は下がっています。

ある時から私は、PTAや教育を考える市民集会のような不特定多数の人たちが集まるところで、自分の体験や思いを語り始めました。「そうだ、これはみんなで考える問題だ」と気付いたのです。その前は、子どもが登校拒否をするなんて、みっともないという気持ちでした。教師のくせに子どもをまともに育てられないのは恥ずかしいという感覚だったのです。

そのうちふと気が付くと、運転している私の横で堂々と顔を上げて子どもが座っていました。また、学校のある昼間、自転車で図書館に出かけたり、買物に出るようになりました。親が本当の意味で子どもの存在を肯定できないうちは、子どもも自分に自信を持つわけにいかないんだと実感しました。

私が心の底から子どもの存在を自然のまま受けとめられるようになるには、親としての学びが必要だったと思います。登校拒否を理屈や知識でなく、そのままスーッと共感できるのは、さほど簡単ではないのです。

拒食症がおさまって「学校へ行く、行かないは子どもの気持ちでよい」と思ったあとも、私は渡辺位さんに、「学校のいやなことがあれば逃げるのではなく、変えるとかやり過ごすとかできる子でないと、社会でやっていけないのでは」と質問したことがあります。

渡辺さんは、「お母さんは先生ですが、学校のいやなところを変えることができますか。適当にやり過ごせますか」と言われ、ハッとしました。私だってできないことを、教師の権力のもとにある子どもが自由にできるわけがありません。結局私は、大人の自分もできない虫のいいことを要求していたのだ、と気付きました。

当時、渡辺さんが勤務されていた国立国府台病院に「希望会」という登校拒否の子どもをもつ親の会がありました。この親の会は毎月二回定例会を開いており、渡辺さんは、お仕事の途中で十分とか二十分ほど顔を出されるくらいで、親たちで自発的に学び合っていました。「はじめのうちは、渡辺先生に指導していただくという雰囲気だったけれど、登校拒否は誰か専門家に治してもらうものではない、親としてしっかり学んで考えていこう、となったのよ」という先輩のお母さんたちの言葉に、それこそ本当だと思いました。それから私の「希望会」通いが始まりました。

私は教育の研究会や懇談会はたくさん参加してきました。でも「希望会」ほど、「これが学ぶということだ」と強く思えた会はありませんでした。まず、わが子のことですから、みな真剣です。体面やとりつくろいは、なんの意味もありません。困っていること、悩むこと、わからないことが話題として出されます。

当時は、首に縄をつけてでも登校させないと人生がだめになるという考えのもと、強引な登校強制があった時代です。教師の迎えや教育委員会の督促にどうするのかとか、家庭内暴力で何か事件が起きるかもしれない不安でいたたまれないとか、夫や祖父母があまりに理解がなく、子どもと家を出ようと考えているとか、きびしい話が次々と出ていました。

それに対して似た経験が出されたり、みんなで考え合って子どもの気持ちにより深く気付いたり、私には毎回驚くほど新鮮な学びでした。時間の都合をつけるのはたいへんでしたが行くのは楽しみでした。先輩のお母さんたちが、きびしく「そんな態度を子どもがとるのは、あなたが子どもを追いつめる言葉をいったってことはないの?」と言えば、「あっ、このことかしら?」と別のお母さんが気付き、次の月には、そのお母さんが「私が言わなくなったらここ数日、子どもが話をしてくれるようになったの」と変化を話してくれて、みんながそれを喜びつつ学ぶ、という感じでした。

そのうち、「希望会」の十周年に向けて本をつくろうという話が持ちあがりました。手分けして原稿を書き、一九八三年、渡部位監修『登校拒否・学校に行かないで生きる』（太郎次郎社刊）を出版しました。登校拒否を治療対象とせず、受けとめていく、わが国初の単行本でした。この本は関係者の想像をはるかに超える反響があり、登校拒否についての市民活動の門戸を拓いたともいえます。

市民がつながる親の会をつくる

「希望会」の親たちで出版した影響はとても大きいものでした。

手紙や電話が相次ぎ「こんな本に初めて出会ってうれしい」「わが子の苦しみがわかった」「変だと思いつつ、間違った対応をしていたと自分をふり返った」など、出版してよかったと思えるものばかりでした。

「生きていてよかった。この本に出会えたから」「一家心中をやめました」など、ギリギリの話もありました。それらの出会いは、登校拒否に至った子どもの苦しさと親のつらさが、尋常ではないことを感じさせました。

ある一人親家庭の母親は、小学校入学後まもなく登校拒否した男の子が、好きな粘土いじりなどで日々を過ごすことを受けとめていたそうです。ところが、いじめや村八分にあい続け、母親は「もう死のう」と決心、滝つぼに二年生になっていた子どもと行ったそうです。子どもは母親といっしょにハイキング、という気持ちで来ています。滝の水を見るなり「お母さん、水ってきれいだね、透きとおってるね、キラキラしてるよ」と感嘆の声をあげたそうです。それを聞いたとたん、母親はハッとして、「私は追いつめられた気持ちになって、この水の美しさを感じる心さえ忘れて、将来ある子の生命を奪おうとした。なんということだ」と、この子に教わり、生きる力を得られたそうです。（その後、その子どもは陶芸で身を立て、青少年を指導する仕事につかれました）

そんな反響のなかで、「希望会」に入りたいという声が殺到しました。でも「希望会」は病院内の会で、通院していない外部の人は入会できません。

私はそれなら病院外に、市民の誰でもが自由に参加できる登校拒否をしている子どもの親の会をつくったらどうか、と思いました。当事者どうしがつながり、支え合い、学び合う必要がある、子どもがこんなに苦しんでいる状況を変えるには多くの親、市民がつながる必要がある、と心底思いました。

考えてみれば、障がい児・者の運動、部落解放の運動、少数民族、外国人、女性差別などなどマイノリティや弱者の立場に追いやられている人たちは、みんなどこかで立ちあがり、社会問題としてとらえ、手をつなぎ、状況を改善するための活動をしています。

登校拒否は、子ども個人や親の育て方に問題があるかのように扱われ、学校の在り方や学校化した家庭教育、学歴社会の価値観も問われないままでした。

一九八三年というと、戸塚ヨットスクールが一九八〇年から三年間で、四人の子どもを死亡させ、四十件以上の暴行傷害を起こしたことで起訴された頃です。登校拒否を怠けや甘えととらえ、しごいて直す対象と考えて世間も支持、マスコミもそれをよいことと報道していました。

また、学校へ行けないことで精神病院に入院させられ、閉鎖病棟に閉じ込められている子どもたちもいました。いやがる子どもを強引に「治療」の対象としていました。薬を飲まない子どもには「拒薬症」と診断名が付き、それを治す新たな投薬があり入院も長びき、入院に抵抗し暴れるとまた新たな投薬と入院の長期化となる、という状況がありました。学校へ行きたくない、行こうにも行けないということは、健康な子どもにも起こり得ることなのに、登校していないことだけで精神を病んでいるとされたのですから、子どもの人権は風前の灯、おそるべき社会でした。

その二つの「直す」「治す」以外に、「克服」とか「立ち直り」を目指した対応が一般的に行われました。親が必死で連れて行く、先生や友人のお迎えが毎日ある、毎日電話が学校から来る、ポストにテストや学校の手紙が入っている、など登校圧力はとても強かったのです。「首に縄をつけてでも登校させないと、ずるずると学校へ行けなくなる」と学校や医者から繰り返し言われ、相談所でも言われ、無理解や不安から、それに従っている親も多かったのです。

こんな状況を切り拓くには、自分たちで立ち上がるしかありません。しかし、そのような市民運動が果たしてやれるのだろうか、どのように進めたらいいのだろうかと思い、私は当時、障がい児教育の運動を全国的にも、実践的に行なっていた知人に相談してみました。「必要と思うならやり始めてみたらいいんじゃないの。実際に活動することでつながっていなかった人とも出会えるし、やりながら課題も見えてくる」と背中を押してくれました。

登校拒否をみんなで考える

心が決まり、本を出した仲間である「希望会」の親たちに相談しました。会長さんは、一も二もなく賛成してくれましたが、会のなかは賛否両論でした。反対する人の意見としては、「子どものことだけでも大変」「病院の中だから安心だった」「ここで元気になってるから」などでした。それなら、やろうと思う人でやっていく、希望会とは独立した会とするということで了解し合いました。

私たちは本の反響が大きかったことをふまえ、一九八三年秋、国府台病院がある市川市の公民館を借りて登校拒否を受けとめる立場から、全国初の市民集会を開きました。この時協力してくれたのが、夜間中学の松崎運之助さんとその仲間たち、子ども側に立って活動している補習塾、「わかる子をふやす会」の八杉晴実さんたちで、大きな力になりました。さらに渡辺位さんの講演は深い感銘を与えました。この集会の参加者たちに呼びかけ、一九八四年一月から「登校拒否を考える会」が誕生したのでした。

第一回例会は、ふたをあけてびっくり、会場には九十名を超える人たちでぎっしり。自己紹介だけで終わってしまうほどの参加者でした。一人ひとりの話は、苦労や困惑や学校への怒りを、やっと話せるところに出会ったという感じであふれ出ていました。

例会は月一回、事務所はわが家で、毎月通信を出して報告と次回案内を載せることにしました。思えば、初代発送ボランティアはわが家の子どもたちでした。部屋いっぱいに紙を広げ、組んでホッチキス止めです。電話は早朝から真夜中まで入る、という暮らしでした。なかにはアポイントもなく、いきなり地方から訪ねて来る人がいたりしました。そんな時も私の家族はよく協力してくれました。

私が小学校で担任したある女の子が、中学校のひどい管理教育のなかで登校拒否になり、家出をしてきました。登校拒否に怒った父親が何度も殴ったため、顔がはれあがり、口の中が切れていっしょに食事をしても傷がしみて食べられない状態でした。二週間くらいわが家で預かり、その間父親を説得して、理解してもらい、やっと帰宅にこぎつけました。

彼女は、それがきっかけで「登校拒否を考える会」に参加して、学校のおかしさを訴える劇を子どもたちと上演してくれました。夜間中学の仲間たちは例会の前にバンド演奏をやってくれました。こんな感じですから、親だけでなく、子どもや若者の参加があり、和気あいあいの雰囲気がありました。私たちは月一回の例会が楽しみでした。初めて参加した人によく言われました。

「この会は明るいですね。登校拒否の親が集まっていると聞いたので、どんなに暗い雰囲気だろうか、と思いながら来てみたら、みなさんが明るいので驚きました」

この頃は今よりずっと、登校拒否への理解がなく、家族も「家の恥」と隠すようにしていた偏見・差別の強い時代でした。親はなんの情報もないなか、落ち込み、悩み、将来への不安でまっ暗というのに、なぜ会が明るかったのでしょうか。それは基本的に、不登校へのまなざしがはじめから違っていたからだと思います。

登校拒否は子どもがだめだから起こるのでも、親の育て方の間違いから生じるのでもなく、子ども本人が学校と距離をとることによって自分を守る必要が生じている状態なのです。それが理解されず、受けとめられないことから、さまざまな苦しい状況になっているわけです。だから登校拒否問題は、親や、学校、社会の在り方を問うていることであり、「会」は登校拒否への肯定的なまなざしを持っていたといえます。

また、会に参加することで、ふだんは奇異や同情のまなざしにさらされ苦しい状況の親が、同じ経験をしている親たちと出会い、なんでも話せる、聞いてもらえる、わかってもらえることで、元気を得る源になったと思います。

会が終わっても、毎月たくさんの人が二次会に残り、あっちでもこっちでも話がつきない、という状況でした。ここでは、自分個人の体験や情報だけでなく、登校拒否に関する多くの体験・知識・情報が得られました。そのことが、周辺の人たちや、学校や医者の言葉に振り回されることなく、日々の子どもとの対応を自分でしっかり考える基盤になっていきました。将来への不安についても、実際に登校拒否をした子どもたちが、どう社会でやっているかを具体的に知り、「一人じゃない」と感じられて、ホッとできたのです。

「登校拒否を考える会」では、行政や社会に対して、登校拒否に関する理解を広めていったり、子どもの人権を守るために必要なこともやっていきました。

一九八四年、会が出発する時、同時期に準備され、四月に新聞発表となった文部省の刊行物がありました。登校拒否に関する初のまとまった国の手引書で、その後約十年、これにもとづいて登校拒否施策が行われました。

この手引書に対し、会ではまず学習会を持ちました。「父親が優柔不断で、内向的、母親が不安傾向を持ち自信欠如などの場合、登校拒否になる」と書かれてありました。わが家では、まず夫も私もこのパターンにあてはまりませんでした。会でもあてはまるという人は少しだけでした。

その時「だって子どもが登校拒否になったら、こういう父、母の姿になるよね。そういう人ばかりに会った専門家や先生たちが、共通点はこうだ、と思ったんじゃないの」「それを逆にして、こんな親だと登校拒否になる、と結論づけておかしいね」という意見が続出しました。手引書に示されている対応例も、どうやって学校へ戻すかの話ばかりで、実践例も、学校の問題点は書かれていなくて、生育歴と子どもがどんな子であるか、どうやって学校に復帰させたか、というたぐいの話ばかりでした。こういう方向で対応されては、偏見が強まり、苦しむ子どもが増えるということから、抗議をしました。当事者の立場からの方針を出してほしいという要望書をつくり、二六〇〇人の署名を文部省に持参しました。結局この手引き書が改訂になったのは一九九二年、国の「学校不適応に関する調査研究協力者会議」が認識転換したさいですから、約十年もの月日がかかりました。

その最終報告の第一ページ目には、次のように述べてあり、親の会では、「国がやっとこう言ってくれるようになったのね」と涙を浮かべる人もいました。そのくらい誤解・偏見・差別の目で見られていましたから——。

登校拒否問題については、これまでは一般的に、登校拒否となった児童・生徒本人の性格傾向などになんらかの問題があるために、登校拒否になるケースが多いと考えられがちだった。しかし、登校拒否となった児童・生徒を見てみると、必ずしも本人自身の属性的要因が決め手となっているとは言えない事例も多く、ごく普通の子どもであり、属性的には特に何ら問題も見られないケースも数多く報告されている。

〔平成四年三月一三日「登校拒否（不登校）問題について」文部省初等中等教育局発行〕

学校を休む権利、休息の権利

私と登校拒否との出会いを記してきましたが、それは、教育とか学ぶとか、学校をどう考えるか、フリースクールをどう考えるかの原点になってきました。

登校拒否は、のちに「不登校」と呼ばれるようになり、九〇年代には、二つの言葉が共存しましたが、二〇〇〇年に入ってからは、ほとんどの人が「不登校」を使うようになりました。

文科省が、九〇年代末に、今後は「不登校を使用する」と宣言したのも大きいかもしれません。

もともと登校拒否と不登校は、意味合いとしては同じでありません。登校拒否は、その前に「登校拒否症」と病気のように使われていましたが、次第に「登校拒否」と言うようになり、ストライキのような意味と混同される問題や、子どもは学校に行きたいのに行けないのであって、登校を拒否しているわけじゃないと言われ、不登校が多く使われるようになっていきました。しかし、私たちの親の会や全国ネットワークは、結成当時が八四年や九〇年であり、まだ登校拒否が一般的であったので、名称に「登校拒否を考える会」「登校拒否を考える全国ネットワーク」としてきましたが、現在でも、その名を変えていません。それは、子どもの心や身体が登校を拒否していると考えられ、その子の主体性が感じられる言葉なので使っています。

それに対して「不登校」は、登校しない状況をすべて指します。忌引きも、事故も、病気も、家の都合もみな不登校です。そこで文科省は、わざわざ、病気や経済的理由ではなく「何らかの心理的、情緒的、身体的、あるいは社会的要因・背景により、児童生徒が登校しないあるいはしたくともできない状況にあるもの」と定義して、統計調査をとってきました。そして、年間三十日欠席という線引きにしています。

どちらの言葉にしても、登校を当然の前提にしている言葉で、そのため「拒否」とついたり、「不」とついたり、よくない否定的印象がついて回ります。

しかし、学校に登校して学ぶことは、子どもにとって権利であって、義務ではありません。親にとって就学義務があるし、親から見れば学校しかないので、学校に登校させるのが当然と思ってきたけれど、その学校に子どもが、いじめその他いろいろな事情から行っていないことを「登校拒否」とか「不登校」とか言うのは、本来おかしいのです。ちょうど選挙する権利がありますが、選挙に行かなかったら「選挙拒否」とか「不選挙」といわれるのは、本来おかしいのです。権利というのは、その人が行使するものであって、権利があっても行使したくない、あるいはできない状況があれば、非難や否定されるべきではありません。

それにしても、日本の不登校の歴史は悲惨でした。学校に行か（け）なくなるまでに苦しい思いをし、行か（け）なくなってからは学校へ戻そうとする価値観と対応のなかで、また苦しむ、という二重の人権侵害にさらされてきました。また、いじめでつらくとも休んでよいという考えが子どもに教えられなかったため、あくまで学校は行くところとされ、子どもは楽になるには、命を断ってすべてを清算するしかない、そうやっていじめ自殺が毎年生じているのです。

子どもの状況はいろいろなのに、年間三十日欠席したら「不登校」で指導の対象となるのもどうかと思います。不登校にならないように、三日たったら親との連絡、七日たったらチーム会議を開催して、登校への取り組みをするなどの学校がけっこうあるのです。休むことを罪悪視するのではなく、休みながら通っていいよ、というふうになぜならないのでしょうか。休むべきでないという大きなプレッシャーのなかで、より行きにくくなる子、ちょっと休んでもそれが特別視されるため行けなくなった子もいます。

大人に年休があるように、子どもも年間二十日間の年休があるとずいぶん違うのではないか、と年休制度を提唱している児童精神科医もいるほどです。休息の権利は、国連子どもの権利条約でも保障されている大切な子どもの権利なのですが、日本人は「怠け」「さぼり」が嫌いで、子どもに休みを認めると、子どもがそれを覚えてしまったらという恐怖感があるのです。しんどい時少しでも休めると違うのに、かえって深刻なところまで追いつめてしまいます。

不登校は、子どもと制度の関係の問題だと思います。子どもの成長のための制度としての学校が、その子に合わなくなった場合、あくまで学校を押しつけるのでなく、ほかの学びのあり方を選べるようにできる必要があります。それは休息やホームエデュケーションも考え、自宅も含みます。しかし、日本はあまりに学校中心の国で進んできたため、心理的・精神的・身体的につらいところへ追いやられ、自己否定感を強め、昼夜逆転やゲーム漬けの生活になるなど二次的にしんどい状態が生まれ、元気な子ども、若者時代を送れなくなっているのが社会の課題だと思います。

第4章

児童精神科医
渡辺位さんに学ぶ

私にとっての渡辺位さん

三章で述べたように、自分の子どもの登校拒否で出会った児童精神科医の渡辺位さんでしたが、私の人生において、その後お亡くなりになるまで約三十年間、師であり、いつも新しい学びを得て影響を受け続けた方は、ほかにいないという存在でした。親の会やフリースクールを長く続けられたのも、渡辺さんから学んだことがバックボーンにあってのことです。

だから、自分のなかで整理するためにも、あえて章立てして渡辺位さんから学んだことを少しでも記しておきたいと思います。

渡辺位さんとは、ありがたいことに、自分の子の登校拒否の診察で出会ってから以後も途切れることなく、お会いする機会が続きました。「希望会」に私が参加していた頃は、ほぼ五年間毎月、国府台病院を退職されてからは、東京シューレの親ゼミや個人相談に十七年間毎月来ていただきました。それ以外に「登校拒否を考える会」「登校拒否不登校を考える全国ネットワーク」での例会や全国合宿での講演、シンポジウム、学習会講師、対談、原稿依頼などいろいろな機会にお話が聞けたことは、なんという幸いだったかと思います。枚挙にいとまがないほどですが、そのうち特に記憶に残っていることをまとめてみたいと思います。

渡辺位さんは一九二五年韓国で生まれ、幼少期は主に韓国で育ったと聞きました。当時はとても病弱で、小学校三年まではほとんど学校へ行ってなかったそうで、「ハァー、それではご自身も不登校体験者なんだ」と思ったことがあります。お父さんが弁護士に転職されて家で仕事をされていたので、自宅で国語や算数を教えてくれたそうです。お父さんが客間で相談に乗っている姿を見て、人の相談に乗るのはおもしろそうだと思ったことも、自分のルーツになったかなあ、と話されていました。

四年生くらいから登校するようになっても五年になったら肺結核になり、日本に戻って来て市川に住みながら中学に進んだけれど、中学三年、四年も具合が悪くてよく寝ていたそうです。

生い立ちのお話のなかで、びっくりしてずっと覚えているのは、四歳の頃、韓国に住んでいた時、家の玄関前に立って、前につながっている下り坂を見つつ、「自分は自分だと思った」という記憶がある、と話されたことです。私も四歳の時に、東京大空襲の逃げるシーンを記憶しているので、四歳は覚えてると思うのですが、その頃から自分についての意識がそのようにあったことは、「すごい」と思いました。

渡辺位さんはものづくりが好きだったそうです。家ではたっぷり時間があり、粘土で人形作ったり、刀などの武具に興味を持ったり電気で動く船を走らせたり、ラジオを作ったりしたそうです。本も読みまくっていたとも聞きました。

当時は、戦争が大変な時代で、「自分は自分」という考えだから、そう簡単に自分の身を売り渡したくなく、理科系なら兵隊に引っぱられないと思って受験して、しかし、それもだめになって、医学系に進もうと浪人したそうです。「浪人中に召集令状が来たらどうしようとヒヤヒヤしていた」というお話も伺いました。兵隊検査の時、病弱で細身だったため助かったそうです。

「人生はわからない、弱点は弱点じゃなくて長所にもなり得る」というお話は、ほかの例でもよく出てきて、私自身もそうだと思ってきました。

できるだけ長く大学にいられる方が兵隊に引っぱられないだろうと考え、七年いられる日本医科大学に進学されます。でも東京大空襲で建物が燃えてしまい、学生が講義を受ける場所を探して、渡辺さんは今の国府台病院のところにあった軍の施設の土地を大学に知らせ、大学を誘致することになったそうです。

そして一九五一年頃、先輩が国府台病院にいた縁で、そこでインターンをされてそのまま医師として勤務されるわけです。

私も東京大空襲にあっても生きのび、一九八〇年にわが子の登校拒否で、国府台病院に行き、渡辺位さんに出会うわけですから、その縁に驚きました。

陸軍病院から国府台病院に変わったばかりの頃に勤務され始めたため、まだ戦争神経症の方がだいぶいたそうで、それを聞いて私は登校拒否に通じる話だと妙に納得しました。つまり、戦時はお国のために従軍せざるを得ないわけですが、実際にはこわい、不安、人を殺したくない、殺せないという葛藤や拒否感が生じて、神経症に追い込まれたという構造が登校拒否と重なるわけです。

一九七〇年頃、それまで大人といっしょに精神科で診察していた子どもたちのことを考え「児童精神科」を樹立されました。成長途上の子どもには、大人とはまた独自の面があり、ダイナミックに診る必要があるとおっしゃっていました。ちょうどその頃から、学校に行かない子どもも受診するようになり、出会っていくうち、クルっと考えが変わったそうです。

登校拒否とは

渡辺位さんも、登校拒否と出会った最初のうちは、その子に問題があると考えていましたが、子どもと付き合ううち、子どもはまっとうな感じ方や行動をしている、こうならざるを得ないのは学校教育の在り方や、学校へ行って当然という価値観を見なくてはいけない、と考えるようになったというお話には深く感銘を受けました。私たち登校拒否の親からすれば、神様みたいな存在の渡辺位さんが「僕も間違って考えていた頃があって」と話され、「あ、私たちといっしょだ、子どもから学ぶって、そういうことだ」とハッとしたり、親近感を持ちました。一度知ったことにしがみつくのでなく、いつも謙虚であってこそ、真実に近づいていける、大切なことが見えてくる、ということだと思うのです。

渡辺位さんは、よく「脚下照顧《きゃっかしょうこ》」と言っておられ、自分を振り返る、自分の足元を見る大切さを語っていました。

登校拒否の子どもとの最初の出会いは一九五四年、家庭内暴力のケースを伴っていたそうですが、その後は、ポツポツだったそうです。その頃の考え方は深くは見ていず、現象的なところで見ていたとのことです。もちろん不登校状態の子が家庭や学校の中に置かれるのはプレッシャーが強く、もっと開放的な場を提供することで、子どもを解放すると自分を取り戻すことができると気付かれて、入院病棟もつくられるのですが、病棟を作った時、自分のなかにニイル（サマーヒル・スクールの創設者）のような考え方もあった、と言っておられました。東京シューレを開設してからお聞きした話です。多くの医者が登校拒否を病気扱いにして、入院や投薬で治そうとしていたのとはいささか意味が違っていました。そして院内学級も設置されました。

すると、院内で生活ぐるみで子どもと付き合われるわけで、子どもの話がたっぷり聞ける、学校状況が見えてくる、病棟の親の会などからも見えてきます。それまで、子どもが持つ病理性を中心に語られていたけれど、社会的要因という見方を論文にも書かれるようになられます。

それには二次症状という捉え方をされるようになったことで、より視点をはっきりされたと思います。

学校に行ってないことは誰にでもわかりますが、その子の様子や状況は本当にさまざまで、一つの因子として見てしまうと現象的な対応をしてしまいます。渡辺位さんは、学校を欠席する状態のすべてが「不登校」で、そのうち二次反応を示した人を「登校拒否」と呼んでいました。講演でも「不登校における登校拒否状態」など、言い方が明確でした。不登校につながって、不安、恐怖感、罪悪感、自責感、自己否定感などが生じれば、頭痛、腹痛などの身体症状、暴言や家庭内暴力、無気力やうつ状態、強迫神経症や拒食・過食、昼夜逆転、入浴や歯磨きをしないなどの症状が二次的に出てくる、この関係がすぐ見えるものではないのです。渡辺さんは子どもたちと会っているうち、不登校も含めて現象を捉えるのではなく、生きものだからそういう状態になると気が付かれました。それは一九六〇年代半ばのことだそうです。

この二次症状とか二次的に起こってくる生理的な反応という考え方を知って、わが家の不登校とか、親の会で出てくるたくさんのケースは、非常に見えやすいものになりました。学校に行かない、行けないことを責めたり、非難したり、批判や説教、登校や勉強ができて当たり前という空気の環境では、いろいろな二次症状が出てきますから、親の会やシューレでは、その環境を変えていき、子どもが学校へ行っていなくても、安心していられる環境にしていく、ということに専念しました。すると、本当に子どもは落ち着いてきたのです。多くの親がそれを経験しました。

親・親の会とのかかわり

しかし、不登校を親が受け入れるというのは、本当に簡単ではありません。日本社会では学校へ行って当たり前、という価値観で育ち、しかも学歴社会のなかで生きているわけで、多数が普通とされて、多くの人が普通でないと見られないかと、体面を気にしながら生活しています。

そこで重要になってくるのが、不登校の子どもを持つ親の会です。私は教師でしたから、父母会、親の会は長い間やってきていました。しかし、一九八四年に親の会である「登校拒否を考える会」をスタートさせて、今日にいたるまで三十二年間やり続けたのも、渡辺位さんのもとにあった「希望会」の体験が大きかったのです。

最初は、個人相談のなかで、ある人が何人かの親で話し合いたいと言われ、グループ面談を二年ぐらい続けて、これは家族の問題だから自分たちで会を作ろうとなったのが「希望会」でした。私が入会したのは、希望会ができて八年くらいたった頃で、しばらくして十周年記念に本にまとめようということになり刊行したのが「登校拒否・学校に行かないで生きる」です。渡辺位さんに監修していただき、当時の会長の竹下さんと私が中心になって親たちで作り上げようとしました。この本は登校拒否の流れを変えたといわれ、「登校拒否を考える会」誕生にもつながっていったことは前章でもふれました。

親の会をやっていくうえでも、渡辺位さんに学ぶことは多かったのです。私は、希望会があることを渡辺さんから声をかけていただきましたが、声をかけられない方もいることに気が付きました。ある時それはなぜかとお尋ねしたところ「親どうしとしては、体験者として生きた言葉が必要で、共感を持って当事者どうしの話ができるのがいい。そういう意味では、この人は、もう一皮むかないとわかり切らないのでは、という場合、すぐは紹介しない」と答えられ、なるほど、集まればいいというものでもない、と納得しました。元からいる人たちのなかに、新しい人たちが少しずつ入っていたからうまくいったんだなと思いました。

一九九二年からは、東京シューレの親ゼミに毎月、出席して下さることになりました。そこでもあらゆることが話の種になり学びますが、親の会の進め方についても深い配慮がありました。

すごい勢いで子どもの悪口を言い、自分の不安や心配ばかり発言する親のAさんに「不登校する子どもの側に立って考えないと」と、参加していた親の方々が次々に発言、司会もその方向で進めていた時、渡辺位さんは、Aさんの発言に同意されることがありました。「周囲から親の責任を問われ、自分のつらさでただいっぱいの時、子どものことを考えろといっても無理で、ただわかってもらえなかったという印象が残るだけではないですか」と司会をしている私に言われました。会に新しく来られたＡさんでしたが、元からいたメンバーがやることは、「こうあるべき」を押し付けることではなかったのです。

学校をどう見るか

渡辺位さんは、子どもは生きものだが子どもが行くことになっている学校は、人が作った制度であり、人工物だとよく言っておられました。そして子どもにとっては、もともとストレスのある所だと見る必要がある、とのお考えでした。

学校教育は「人間牧場」だという言葉もありました。学校教育はいいものだと思い込まされているが、人間牧場と考えるか、近代社会を生きるための一つの舗装具と考えるか――。近代社会を生きるすべての人の、生きる権利を保障する意味での舗装具として考えるべきで、国家のための公民教育ではない、市民による市民のための市民の教育が本来必要と言っておりました。

私も、ずっと教員をやってきて、現状の学校を批判的に見つつ、子どもにとって学ぶとは何かを問い続けてきました。そして不登校から学び、フリースクールでその考え方こそ子どもが甦ることだと経験して、二〇〇七年に不登校の子どもが在籍する学校をつくることになりました。市民活動で開校できたのですが、市民による市民のための市民の学校づくりへの挑戦だと思っています。

子どもにとって、ストレスフルな学校へ出かけるのは戦場に出向くようなものですが、戦場という表現が極端だとしたら、たとえば危険のある海に出る漁船は、逃げ込む漁港があったり、船が傷んだら修理ができる場があって漁に行けます。学校に子どもが参加することは、海や山に行っているようなものだから、いつでも後方支援ができる安全な場が保障されている学校教育でないといけません。しかし、学校に行きさえすればあとはなんにもいらない、と学校を絶対化している社会なので、漁港としての家庭の姿勢が崩されようとしていると渡辺位さんは考えていました。

また、格差社会になって、両親共働きで生活がいっぱいいっぱいのなかで、親との関係が成立しないまま、子どもは学校へ行き始めると困難な状況も出てきます。子どもにイライラして、怒鳴ったり、キレたりする親も少なくなく、親自体がストレスフルで、これも漁港としての家庭を保ちにくくなっている、と指摘しています。

では、今のような枠組みの社会と学校があり、そこに子どもが生まれ、親として子育てをしていくなら、子どもとどう向き合えばいいかということが問題です。その点について、渡辺位さんはよく木に例えて、「きちんと大地に根付くようなことをするのが大切だ」と話されていました。根っことは、主体的な存在としての個を育てることである、人間の根とは、大地から充分な水分や栄養を吸収できる絆であって、その子がその子として受け入れられる器は、基本的には親です。根付くということは「愛着」ともおっしゃっています。お乳に吸い着くこと、母にしがみつくことは絶対必要、だっこや後追いや泣くこと、それを母子ともにやることで生き物としての実感、母子としての共感が生まれるけれど、近代文明のなかでそれらが失われつつあることへの批判的な、しかし、今を生きるしんどい状況も見据えてのまなざしには深いものがありました。

渡辺位さんのご自宅にあるけやきは、本当に立派な大木です。私は拝見したことがあります。

「何も手を加えていないが大きく育つんですね。本来、いのちというものは自然に育つんですね」

子どもをどう見るか

一般的に日本社会では、子どもは大人が言うことを聞かせる存在だとか、子どもがちゃんとやってくれないので困ると言います。渡辺位さんは「子どもを自分の道具みたいなイメージでいる人が多いですね」と言います。「子どもというのは生き物で、いのちの営みをしている個体なんだ、ということが原点です」の言葉も含蓄が深いものがあります。

「子どもが生き物ということは、生《なま》ものということ。生《なま》の新鮮な状態を保つためには、生き物の原理原則があって、その通りにしなかったら腐ったり味が落ちたりします。それは、こっちの都合通りにならない、生き物、生《なま》ものの側の原理原則に立って大事にしないとだめにしてしまう。あくまでも、いのちの原則に従ったものがなければ、本当の意味で子どもと付き合うことはできない、ということを考えないといけない」

この言葉は、私は、たえず日常で思い出します。

親としてすぐ不登校を受け入れられなくて、「子どもが起きてこない、ゲームばかりやっている、用意した御飯を食べない、部屋から出てこない」と、いろいろ心配だったり腹を立てたりして相談や発言がある時、いのちとしての子どもが何を感じているのか、そこから考えれば、それはそうでしょう、と思うのです。

でも、直には伝わらないことが多く、たくさんの言葉を足してやっと少しは伝わったかな、と思うことが多いのです。それは、「あるべき姿ではない」「あるべき姿にさせる責任がある」という観念に縛られている人が多い社会だからだと思います。社会の人、○○学校の生徒、○○家の一員という前に、一つの生命体であるということが基本だと思います。

渡辺位さんの「子どもはいのち」という視点のすごさを感じたのは、親ゼミで、ものすごい大変な強迫神経症（最近は強迫性障がいといわれますが）の話が出て、みんなで考えている時でした。「強迫神経症はこうしたらよりひどくなった」「こう考えると楽だ」「病院は」「薬はいるのかいらないのか」「なぜ強迫神経症になるのか」などひと通り話が進み、これで終わろうかという時、渡辺さんが「僕は、強迫神経症の方と付き合っている時、いのちの輝きを感じるんですよ」と話されました。その捉え方の深さに、「そうか、なるほど」とうなる思いをしたことがあります。生命だからこそ、そうやって今を生き抜いている人たちに、頭が下がる思いでした。

渡辺位さんは、いのちは存在するだけで複雑系なんだ、と言われます。そのうえ、子どもは存在するだけでなく、成長し発達するという「育ち」の問題があって、それはいのちしている地球上に存在しているさまざまな生き物の育ちと共通した問題である、と捉えられていました。

生き物は、自己増殖したり、自己造成したりして成長していくが、その生き物がその生き物らしく、人間であれば、その子がその子らしく成長する条件を満たす相手、子どもの求めるものに応じる大人がいる、ということが大事だと学びました。その相手（大人）との絆である愛着行動をします。未熟だからとか甘やかすとか、そんな見方がたえず出てくる社会ですが、渡辺位さんは「子どもは生命体として未熟ではない」と言いきられています。私は、子どもの基本的人権や、子どもの権利条約を考えても、また日々の子どもとのかかわりを、学校や東京シューレやシューレ中学校でやってきた実感からしても、何歳でも一人の人間、と思ってやってきましたので、本当にその通りだと思います。

親が、その子をその子として尊重するのではなく、規制をかけたり、親が操作の対象にするなど、その子のいのちの自然を大事にする子育ちができないかげに、いずれ社会に適応してほしい、経済的に自立させたい、だから目的を持ってその方向へ導きたい、という考えがあります。

それについて渡辺位さんは次のように話されます。

「母なる大地との関係が深ければ深いほど、根がしっかり張れ、木々は上に伸び、枝葉をつける。本来生命体の持つ能力がある。何も花が咲き実を付けるよう仕向けなくても、生き物というのは必ずそうなる。人間の子も、根源が充足させられていれば、将来や目標を決めることではないし、こっちが先に決めて固定できるものでもない。複雑系の存在なんだから本当に何が未来に起きるかわからない」

納得です。そして東京シューレの三十年の歩みは、それを裏書きしています。不登校し、フリースクールやホームシューレで育ったOB・OGたちが、それぞれに育つ力を持ち、それぞれの歩みをこの社会でやっています。子どもの成長力に感動します。子どもを信頼して、協力的であることが大事なのかなあと思います。

いのち観から学ぶ

渡辺位さんが本を下さるというので、ご自宅にお伺いしたことがありますが、そのお庭にびっくりしました。なんというか、東京近郊にこんな自然の森があるのか、というほど大木もあれば低木もあり、下草もあるし、鳥もさえずっています。蚊に喰われながらおもしろくて歩き回りました。渡辺さんのお話の中に出てくるさまざまな植物のルーツがわかり、これがくるみ、これが野ばら、と眺めながらとても感動しました。

「森は多様な植物があってこそ、本当の森ができる。植林で同じ木を植えてしまったから、雨で流されてしまうようになった。学校も、同じ人間にしようとすれば非常に脆弱な集団にしかならない。人間の社会にはいろんな人間がいなければならない、そして、生き物なんだから、その子その子にとってふさわしい条件整備をどうするか、を考えないといけない」と渡辺位さんは語っています。

今の時代、自然より人工の物のほうがいいように思わされ、自然の持つ本当の意味の生命の力とか価値、美しさにもう一回人間が目を向ける文化を大事にしていく必要を再認識しました。

人間の在りようは、その人のいのちの表現だという考え方は、子どもの行動の背景や意味を考える時、とても考えやすくなります。たとえば学校で、ほかの子のゲーム機を取って、ある子に投げたとします。「投げるのは悪い、あやまりなさい」という対応が多く、人の物をことわりもなく取るのは教育がなってない、という人もいます。やりすぎの学校は、ゲーム機禁止という対処に出るかもしれません。しかし、取って投げた子には、そういう行動になった状況や背景があり、不安や危険を感じたなんらかの関係があったかもしれません。いけないと決めつけることでその子の主観的な世界が否定されてしまっては、生きられません。東京シューレでは、「いい」とか「悪いではなく」、気持ちや感情を重視して、なぜそういう行動をとったかをじっくり聞き、その子といっしょに考える対応をしますが、これも渡辺位さんから学んできたことの反映です。

渡辺位さんは、親ゼミでもよく「場」のことをお話しされました。場が生き物に与える影響、同じように、場が子どもに与える影響、これは不登校の子どもに、「明日どうする?」と聞くと「行く」とか「行きたい」と言います。本音は行きたくなかったり、行けそうになくてもそう言います。それは、「学校へ行くべき」という考え方の〝場〟では、子どもはそういう言葉しか出ません。つまり、親であれば、なぜ子どもがそういう態度(口をきかないとか暴言吐くとか)をとっているのかを知りたいなら、自分はどんな自分として子どもとの場をつくっているかをよく考えよう、ということなのです。

そして、渡辺位さんの話には、猫の話がたびたび出てきます。合計十二匹の猫と付き合われたのですが、一匹たりとも同じ性格や生き様の猫はいなかったそうです。猫といっしょにいる時、猫と人間（渡辺位さん）、つまり、いのちといのちの間には、深いつながりがあると感じたそうです。また、椿の花を切ってコップに挿して普通一週間で落ちるところ、三週間近くそのまま落ちないでみずみずしかったそうですが、花に向かって「あなたきれいだね」と言ったそうです。手洗い場に置いていつも見ていて、場における存在ということから考えると、もっと深いものがあるかも、と話されていました。

猫のたとえ話は、講演や親の会でも出てきて、いつもわかりやすいのですが、人によってはわからない人もいました。ある日、小・中・高・大と登っていく教育が娘の幸せと考えていたお父さんが、不登校で予定が狂わせられ、娘さんを嘆くのがとまらない時に、渡辺位さんが「あなた猫好きですか、では娘さんを猫と思いなさい」とアドバイスされました。でもそのお父さんは、「娘を猫扱いするのか！」と怒って席を立って帰ってしまいました。しかし八か月たって、菓子箱を持ったそのお父さんが現れ「貴重なアドバイスありがとうございました。猫好きな人は、どんな猫でもかわいがる。学校へ行こうが行くまいが、かわいい娘として愛情を注ぎなさいということかと気付いて、親の側が変わりました。すると娘との関係がよくなって、今は幸せです」と言ったのです。

こういう真似は、全くできません。渡辺位さんは、たとえ話がとても上手です。それはきっと、本質をつかんで、その本質をあらわす具体的な例をパッと表現されるので、くどくど説明するより伝わるのです。

まだまだたくさんのことを学んできましたが、書ききれません。渡辺位さんは、二〇〇九年五月二十五日にご逝去されました。享年八十四歳でした。

「有難い」とは「有る」ことが難しいことで稀有なことを示す言葉ですが、子どもの登校拒否で出会えて、ただただ有難く、しかし「有難うございました」のひとことを言えていないままに永遠の別れとなってしまったことが残念です。ただ息を引きとられる直前、「自分はどこにも行かない、あなたのそばにいるのです」と親のみなさんに伝えて下さいという言葉を残して逝かれたと、奥様が教えて下さいました。本当にそうだな、と六年たった今も思っています。

第5章

子ども中心の学校づくり

Ⅰ　私と学校

戦後民主主義と学校

学校は、人がつくった制度です。

その制度との出会いは、どうなっているのでしょうか。学校は特に、子どもの育つ場として、社会のしくみのなかに位置付けられているわけですから、子どもがどう学校と出会うのかは、大事なことだと思います。

それに気付いたのも、私が不登校にかかわってからのことです。学校に行くのは当たり前のことと思っていた私は、四十年近く「学校との出会い」について意識して考えることはありませんでした。今、教育について考える時、自分自身の学校経験が私に与えた影響というものを、つくづく考えるに至りました。

子どもの私がどう学校と出会ったのでしょうか。それは時代を抜きに語れません。

私は、日本が太平洋戦争に突入した年、つまり昭和十六（一九四一）年に生まれ、四歳の時、東京大空襲にあいました。父は応召されており、母が弟をおぶり、防空頭巾をかぶった私は、暗やみで人や荷車にいっぱいぶつかるなかを、母のものすごい力で手を引っぱられながら逃げたのを覚えています。

たまにうしろを振り向くと、燃えさかっている火が空まで赤く染めて、手前の黒いシルエットの家々の形がくっきりと見え、もっと見ようとすると手を引っぱられます。何か大変なことが起っているということは感じました。

焼け出された私たち母子は、父の郷里広島県の祖母の家で暮らすことになりました。たどりついたのは瀬戸内海沿岸ののどかな安芸津という所でした。その町で、戦前は国民学校だった安芸津小学校に入学することになります。一九四七年、憲法・教育基本法体制のもと、戦後の新教育がスタートした年でした。私は、戦後の民主主義教育を進めようという土台になった教育基本法体制の申し子といっていいかもしれません。

子どもにとっては学校に入学して、毎日通う、それが世界であり生活でした。「サイタ、サイタ、サクラガサイタ」と教科書を大きな声で毎日朗読し、石けりで遊び、学芸会の犬のお面がうまくできないでいると、やさしい女の先生がうまく作ってくれ、学校から帰ると弟や近所の子と日が暮れるまで遊ぶ、そんな生活でした。

父の仕事の都合で、小学校二年の三学期、そこから列車で一時間ほどの三原市に転居し、大きな学校に転校しました。当時は教室が足りないので、校門のそばの大きな木の木陰で青空教室をやったりしていました。前の学校と違って学級会がとても活発に行われていました。そして、男の先生も女の先生も「自分の意見を言ってごらん」「言っていいのよ」というのは共通でした。

五年の時の学級担任は宮沢賢治が好きでした。私は、今も「雨ニモマケズ」をそらで言えるのはそのおかげかもしれません。ちょっとだけこわい感じもあるけれど、人間として尊敬できるおもしろい先生で、人はどう生きるか、を考えさせてくれました。「きみという人間は宇宙でたった一人しかいない。かけがえがない存在だ」ということを知った時の感動はいまも忘れません。

中学は徒歩で四十分もかかる、三原市の東のはずれの丘の上にある中学校に入学しました。私は、そこで人格ができたように思います。貧しくて、ゲタの緒で何度も足袋が破れては、ツギをあてていている時代でしたが、学校は刺激的でぐんぐん充実する自分がいました。先生たちは生き生きしており、日本が間違った戦争に進まないために、自分の頭で考えることが大事だ、という姿勢でした。生徒の話もよく聞いてくれました。二年生になった時、私は生徒会に立候補して副会長になりました。

四月の入学式では、校長先生の次に、生徒会長と私が朝礼台に立って、ガリ版刷りの紙を配り、自分たちで決めた校則を説明しました。そして、困ったことがあったらなんでも生徒会に来てください、と話して台を降りました。そうやって自治を学んだのです。

そんな頃、理科の男の先生と保健の女の先生が結婚され、日曜日にご自宅に遊びに行きました。おどろいたことに、男の先生が料理や洗濯をしていました。今では普通のことですが、男女の分業が当たり前だった時代です。それも楽しそうにしてされていたことを覚えています。

ある日、先生たちが、廊下に座りこみをしていました。ストライキだったと思います。「どうしたの」と聞くと、「日本がまた軍国主義の時代に戻りそうなので、反対の気持ちをあらわしている」ということでした。でも授業には教室に帰ってきました。

地方の小都市でしたが、戦前の教育への反省から、先生たちは真剣に模索しつつ、民主主義の新しい教育を創ろうとしていました。学校で学ぶ私が精神的な自由さを感じたあの日々は、先生たちにとってもまた、戦後教育のなかではもっとも自由な時ではなかったかと思います。

『二十四の瞳』に心が動いて

戦後の新しい教育を教育委員会や教師にわかりきっていたわけではないでしょう。子どもの私には見えなかったけれど、先生たちはきっと、悩みつつ議論しつつ、国家のための教育から一人ひとりの生徒のための教育、戦争のための教育から平和のための教育を探っていく日々だったにちがいがありません。知識を点数に置きかえて競わせるという受験勉強も、塾通いもなかった時代です。

私は、本の好きな少女でした。放課後になると閉門ぎりぎりまで図書室にいて、本を片っぱしから読みました。「本の虫」というあだ名がつきました。

本が読めるのは無類の幸せで、借りて家でも読みました。辞書類を除き、中学三年間で図書室の本をほぼ読了したと思います。もっとも、学校も貧しかったから、今と比べたら本も多いとはいえなかったのですが――。

感動した本の一冊に『二十四の瞳』がありました。小豆島を舞台に、十二人の子と大石先生の心の交流を描いた小説です。映画にもなり、私は小説にも映画にもいたく心を動かされました。瀬戸内海で育った私には、情景描写や雰囲気がとても身近なものでした。子どもと教師は信頼感と愛情でつながっており、それが社会の荒波をくぐって生きる支えにもなります。そんな仕事をして生きていけたらいいなあと思いました。

「そうだ教師になろう」とその時私は考えたのでした。

一人ひとりの面談があり、「どんな進路に進みたいか」と先生に聞かれた時、私は「教師になりたい」と言いました。担任は「それだったら高校と大学に行く必要がありますね。でも、高校と大学に行くのなら、教師でなく、ほかの仕事にもつけますよ。教師より薬剤師なんか、いいんじゃないですか」と言われました。不思議なことに、高校の担任にも「薬剤師」になればいいのに、と言われました。どうして薬剤師なんでしょう。

それでも教員になりたかったのは、きっと『二十四の瞳』以外に、実際に出会ってきた先生がよかったということがあったと思います。楽しそうで、生き生きしている人が多かったし、信頼できました。もし私が出会った先生がこわかったり、いばってたり、軽薄だったり、がっかりする人間性だったら、「二十四の瞳は特別だ。現実はああじゃない。教師なんていやだ」と思ったでしょう。小中学校時代の学校との出会い、教師との出会いは、その後の私の人生を決めているのかもしれません。

フランスの小説家ルイ・アラゴンは、「教えることとは希望を語ること」と語っています。私の中学時代、学ぶことは希望を考え、希望を語ることでした。貧しく、また社会も矛盾に満ちていましたが、希望を紡ぐために、私は教師になると心に決めたのでした。

高校生になった頃から、教育現場は雲行きが変わってきました。

昭和三一（一九五六）年、広島県立三原高校に入学、全日制と定時制もあったし、普通科と商業科もありました。普通科の私に商業科の親しい友人ができたり、演劇部や新聞部に入って活動したり、一年の頃はまだよかったのです。しかし、朝鮮特需といわれた好景気を土台に経済の高度成長化が進められ、日本は高学歴社会に突き進んでいきます。水俣病の公式認定は一九五六年ですが、金もうけのためには公害も平気という時代が始まろうとしていました。

経済成長と受験競争

高校は有名大学に何人合格できるかが学校の価値を決めるかのように点数競争に向かっていきました。高校二年生から進学組と就職組に分かれ、進学組のなかも国立クラス、公立クラス、短大クラスとなりました。高校の後半は、大学受験のために日々学習しているという感じでした。もう中学校のように、生徒が自分たちで企画したり、議論して決めていくという雰囲気ではなく、模擬テストや中間、期末テストの点数を競争にさせられる教育でした。

でも、そうでない先生もいました。歴史の先生や地理の先生は、とても興味深い手作りの資料を用意しての授業で、私は中学・高校を通じて社会科が好きになり、授業が待ち遠しかったものです。のちに大学で社会科の教員免許を取得したのも、中・高でつちかわれたものが大きかったかもしれません。

また、本好きであった私は国語の現代文・古文・漢文ともよくできました。でも、数学は二年生から全く振るわず、体育も苦手、校内球技大会の日は、自分が苦手なため、クラスのみんなに迷惑をかけるのではないかとびくびくしていました。

本当は、人間はすべての分野が同じようにできなくても当たり前なのです。でも「いくら国語や社会、理科ができても、数学や英語でもっと点をとれなくては国立にいけないぞ」と先生に言われれば、「どうして私はほかの子のようにそれができないのか」と自分を責めていました。人と比べる教育でした。

救いは部活動でした。私は文を読んだり書いたりが好きだし、社会に関心もあり、新聞部と郷土史研究部に入りました。郷土史研究部では方言を調べ、まとめたのがとてもおもしろく、探求の仕方がわかった気がしました。新聞部は中学校の雰囲気が残っていて、自分たちで企画し取材して議論を重ね、紙面化、何か自分が生き生きするのでした。

しかし、二年生の三学期に「いつまでそんなことやってるんだ。大学受験を甘く見てはいかん。新聞部をすぐやめて、勉強に専念しなさい」と担任に言われました。でも素直に従う気になれなかった私は、結局やめませんでした。三年生は、私一人だったと思います。幸いに、私の両親は一度も成績や部活のことでとやかく言いませんでした。そんな問題も自分の責任で考えればよいという態度であり、私の気持ちを尊重してくれたからできたことだと思います。

私の高三時代は、昭和三三（一九五八）年で受験競争のはしりの時代であり、私はその程度ですみましたが、その後、日本の教育はもっと過酷な受験競争や管理教育に向かっていきました。経済の高度成長に向かう上昇期でもあり、閉塞感はなく貧しくても未来に希望が持てました。ちょうど、ソ連の人工衛星スプートニクの打ち上げがあり、放課後クラスメートたちとこれからの世界は、などと議論した日々がなつかしく思い出されます。

そして私は、教師になるために大学生となりました。

「女が大学に行ったら、ろくなことはない」と祖母が反対しましたが、最後にはお百度参りまでして応援してくれました。その祖母の「近いところを受験してくれ」という願いにこたえて、広島大学と母方の親戚に近い横浜大を受験、どちらも合格しましたが、私は横浜を選ぶことにしました。祖母には申しわけなかったけれど、知っている広島より、未知なる横浜での新しい生活にワクワクしたのと、本音を言えば、家から離れて自分の力で生活してみたかったからでした。

横浜国立大学学芸学部は、戦前は神奈川師範で、鎌倉の八幡宮の森の奥に、神社のような屋根をした木造二階建ての校舎がありました。その奥に、「蒼翠寮」という学生寮がありました。寮費はとても安く、また、地方から出てきて一人ぼっちの心細さも緩和されるだろうと、私は入寮を希望しました。

戦後の民主化の精神は、大学で生きていました。まず学生寮が自治であったことに驚きました。面接も学生、寮のルールも学生が決め、諸活動もいろいろな委員会があって、学生たちで自主的に運営していました。経済的に貧しい学生が入寮できるようになっていて、私は六人部屋の一人となったのです。私の自己形成にとって、この寮と大学はとても大きなものでした。

教師一年生

一九六三年、私は、念願の教師になりました。

新米先生としての赴任先は、葛飾区新小岩駅から十分ほど歩いた松南小学校です。下町情緒がたっぷりという地域で、駅前のにぎやかな商店街も学区域でした。

一学年三クラスの中規模校で、二階木造モルタル校舎が五つくらい、渡り廊下でつながっていました。私は三年生の担任、一クラス四十五人でした。

子どもはとてもおもしろい存在でした。朝、教室のドアを少しあけて黒板消しをはさんでおき、私が気がつかずに「おはよう」とあけると落ちてきて、クラス中がワァーッと笑う。そして、それを叱るかどうか先生を試しています。私は次の日、ドアにはさまった黒板消しをチラッと見て、うしろのドアから「おはよう」と入ります。すると子どもが「なあーんだ、わかっちゃった」と笑う、そんなのは楽しかったのですが――。

授業は一生懸命準備して教えるのですが、ちっともうまくいきません。自分一人で一日五時間、違う科目の授業をこなすというのは、並たいていのことではありませんでした。

授業中の子どもたちは十五分と持たなくて、ガヤガヤうるさくなり、消しゴムを投げたり紙飛行機を飛ばしたり…。「静かにしなさい」と大声をあげることもたび重なりました。

これは、授業が下手なのだろうと悩み、明日はもっとましな授業をしようと教材研究をしようとするのですが、毎日けっこう忙しいのです。会議だ、書類だ、行事の準備に校務分掌などなど、ほとんど時間がなく、家には教科書を持って帰るけれど、子どもの日記や作文、テストの丸つけで精いっぱい。あまり準備できないまま次の日が始まって、また、うまくいかない授業が続くのでした。

ある日、みんな集中せず授業を進められなくなり、どうしていいかわからず立往生した私は、黙ってみんなを見ていました。すると、いちばん前の席にいた男の子が、それまでうしろを見てしゃべっていたのですが、ふっと気がついて、私のほうを見て真顔で言いました。

「先生、怒れよ、怒ればいいじゃないか。怒れば僕たち静かにしてやるよ。前の先生もそうだったよ」

クリッとしたまんまるい目で、真剣に言ってくれたのです。困っている新米先生への精いっぱいの思いやりだったのだと思います。

私はその言葉にハッとしました。怒って静かにさせる授業なんて学びではありません。怒られるからやるなんて、たとえ教師の言う通り静かになったからって、ふりをしているだけです。やらされる勉強から、自分が学びたい、楽しいと感じる授業ができるようにならなければと、逆に強く思いました。

それから私は、積極的に授業を変えるための勉強を始めました。職場の先生には、授業を見せてくださいと頼みました。「日本作文の会」や「こくばんの会」では国語の授業づくりを、「数学教育協議会」では算数の授業づくりを学びました。平日の夜や土曜・日曜に、手弁当で集まってくる教師たちの授業づくりの話は、教科書通りにやるのではなく、目の前の子どもを原点としてつくるのだ、ということがとてもよくわかりました。なかでも、「教育科学研究会」の社会科部会（のちに「社会科の授業をつくる会」と改称）は、教師時代の私のバックボーンになる重要な会となりました。また、当時、群馬県の島小学校の実践は有名で、斉藤喜博校長の著書はすべて買い何度も読み、また現地にも行きました。

そういった会で学んできたことをとり入れてみると、授業が変わるのです。子どもがダメなのではなく、教師の力量や授業の質が子どもの力を引き出し、生き生きと学べるかどうかを決めているとわかりました。

ある時、人類史一〇〇万年（当時の考古学）の長さを、ゼロをならべてもピンとこないので、一年を〇・一センチメートルと見ると一キロメートルの長さになる。そこで、学校から駅方向へ向かう大通りを昔へ向かって一万年、二万年とさかのぼって歩いてみました。子どもは大声を出して数えていくので、お店の人は飛び出してくるわ、走って来たダンプカーを「あ、マンモスだ」と指さして叫んだりのにぎやかさでした。

次の授業では、「昨日歩いた長さをヘリに乗ったつもりで空から見てみよう。離れればどんどん縮まるね。四五億年の地球の歴史の年表をつくってみようよ」と呼びかけ、障子紙を学校の長い廊下に伸ばし、一億年を一メートルとして四五メートルの長い年表をつくりました。昨日歩いてあのように長かった人類の一〇〇万年は、たったの一センチメートルの長さにしかなりませんでした。人類は生命の長い歴史のなかで、やっと誕生してきたことがよくわかりました。私が授業づくりの楽しさやおもしろさに開眼したのは、この授業からでした。もうあまり、授業中に叱る必要はなくなっていきました。

学級通信の発行

教師になった私の日々は、涙と笑いのくり返しで、うまくいく日もあれば、どうしたらいいかわからない日もありました。幸い、職場集団がすごくあたたかく「こういう時どうするんですか？」と聞けば、気持ちよく親切に教えてくれました。「授業見にいらっしゃい」と言ってくれたり、授業の研究会を校内に作ったり、私の授業も見てアドバイスをくれたりしました。帰りに、新小岩駅のそばの喫茶店でコーヒーを飲みながら相談に乗ってもらったりしたものです。

教育現場にとって、教職員集団の在り方は、子どもの教育に響く大きい問題です。職場には、教員以外の事務員、給食のおばさん、用務員さんたちがいましたが、いっしょに学校を支えている感じで、スポーツ会や親睦の小旅行や日常をわけへだてなくやろうとしていました。少なくとも六〇年代の東京下町の学校は、こんな感じでした。

私は、学級通信の発行が好きで、二年めか三年めには、毎日欠かさず、その日の出来事や家庭に知らせたいことを書いて発行し続けるようになりました。当時は今のようにコピー機もパソコンもありません。鉄の板の上で鉄筆を持って、ガリガリと音をさせながら原稿を切りました。このガリ版で作った原紙を輪転機にかけて印刷しました。

これは、学校と家庭の連携に必要なだけでなく、日々を語る教師の目を通して、子どもの見方というものを共有し、つちかってもらうことになりました。テストの点数の良い悪いばかりが軸になる学校の評価を変え、一人ひとりのよさや、成績以外のさまざまな価値に目を向けてもらうことにつながったと思っています。

しばらくすると、子どもたちが新聞発行に興味を持ち、はじめは新聞部、のちにはクラス全員が班ごとに、名前も内容もユニークな子ども新聞を次々発行するようになりました。この活発な行動を支えたのは、戸塚廉さん発行の全国紙「おやこ新聞」です。戸塚さんは「レンチャ先生」の愛称で親しまれていました。レンチャ先生の「いたずら教育学」と呼ばれる、遊びが子どもを育てる視点、あたたかいものの見方、大正期の「児童の村小学校」や子どもを原点とする戦後教育運動から築かれた哲学に多くを学びました。「おやこ新聞」に、私のクラスの子どもたちの新聞はよく取りあげられ、レンチャ先生との交流が子どもたちを生き生きさせました。

ある子が「教室に畳があるといいと思わない？」と言うので、学級通信でお願いすると、さっそく古畳を二枚、親が持ってきてくれました。その二枚をたて長に並べて敷いただけで、子どもたちの動きはすごくおもしろくなりました。基地になったり、船になったり、「おいで、おいで、まだ船に乗れるよ」とキャアキャア言いながら、二畳に二八人乗った時もありました。畳が四枚、六枚と増えると、空間はさらに変化しました。逆立ち、あやとり、「せっせっせ」、すもう場、本の読み聞かせ、ステージになっておばけや仮面ライダーが登場するなど、子どもの創造力のすばらしさを感じる日々でした。

やがて、ボロボロになった畳を処分しようという時、プールに浮かべて畳のイカダをやりたいということになりました。季節外のプールの静かな水面に浮かんだ六枚の畳のイカダ遊びは、ワクワクするおもしろさでした。

しかし、そのあとが地獄でした。私も子どもたちも、畳が水を吸ったらどれほど重くなるかを知らなかったのです。何人かかっても持てたものではありません。乾燥させてから区の清掃局に引きとってもらったのでした。

子どもはいのちのかたまり

子どもはいのちなんだ、いのちそのもの、いのちのかたまりなんだ、教育はそこから考える必要がある——と私が考えはじめたのは自分が出産してからだと思います。そこから考えないと、教育が、国のためであったり、親のためであったり、学校や先生のためであったりして、間違っていくように思います。

その子がその子らしく、もっともよく生きるために、つまり、いのちの力を発揮するために教育はある、と私は考えています。いのちに点数をつけ、どのいのちはできる、できないというのもおかしく、いのちに序列はつけられません。いのちを一律に扱ったり、いのちの在り方で差別したりする教育も変革される必要があります。

私は教師生活を五年送った二十七歳の時結婚して、長男を出産したのが二十八歳、一九六九年のことでした。現在は女教師も増え、女性管理職も、女校長もめずらしくない時代で、少しは女教師を見る目が変わってきているでしょうか。

私が妊娠した頃は、こんなにも女教師はいやがられるのか、とつらい思いでした。独身の頃は、自分でもバリバリできるし、男性教師と比べてひけはとらない気持ちで教育実践に取り組んでいたので、さほど感じなかったのですが、「おめでた」がわかってくると、「はずれ先生」になってしまうのです。

学校の仕事はいいかげんになるのではないか、赤ちゃんが病気になって、休みが増えるのではないか、などと考える保護者も出てきます。同僚の女教師が出産する時、PTAで知り合ったお母さんから「産休に入ると産休代理の先生が来て、その間学習が遅れるから、高学年の担任は校長先生に頼んではずしてもらおう」という相談を、私自身が受けたこともあり、自分の妊娠を知った時は悩みました。

でも、先輩の教師たちのたくましい姿を見ていたし、その頃出版された児童文学書に、お腹の大きい先生がクラスの子たちとすばらしい人間関係と学び合いをする話があり、励まされました。クラスの子たちは、大きくなるお腹に手をあてたり、「先生、重いでしょ」と荷物を持ってくれたり、階段を降りる私に、「先生、ころばないで」と声をかけてくれたり、とてもやさしく、いっしょにいのちを見守ってくれました。

私にとって、生命の誕生は本当に感動そのものでした。お腹が大きくなった頃から、自分の中に自分ではない生命があるという不思議な感情から、すべての草木や鳥たちへもいとおしさを感じ、ふだん思いもしなかった、道ばたの石ころまでなんだかいとおしく、世界の見え方の変化を感じました。

長男の出産は陣痛がとても長く、やっと生まれたのは五月の、今日もよく晴れそうだという明け方でした。自分の病室に出産後寝たまま戻って来た時、看護婦さんが窓を開けてくれました。朝焼けの都会の空ですが、なんと美しかったか――。私は、無事に生まれた感激いっぱいの気持ちで、朝焼けの空をゆっくり横に流れるうすい雲に向かって心の中で呼びかけたのを覚えています。「おーい、新しいいのちが生まれたよー、仲間に入れておくれ」と。大自然のふところにいる私、宇宙と一つになったような私を感じて、じわっと涙がこみ上げてきました。

この自らいのちを生みだし、育てる経験が、教室の子どもを見る目を変えました。教室の狭い小さな場所で、かたいイスに座ってあっち向いたり、こっち向いたりしている一人ひとりの子どもが、一つひとつの「いのち」なんだと思いました。それぞれの母親から生まれたいとおしい存在で、一人ひとりが父や母、祖父や祖母の思いを背負ってここまで大きくなったと感じました。

たしかに、現実の子育てと教師業の両立は、本当に大変でした。女の先生はこれだから困ると言われたくないため、無理ながんばりもしたと思います。

でも、生まれた赤ちゃんが一日として同じことはなく日々成長していく、それにかかわる喜び、生きている手応えが支えでもありました。夫は家事をやるようになり、夫の母や私の母が病気の時は地方から来てくれ、時にはお手伝いさんを頼んだりしてやってきました。保育園が見つかったものの、朝、バスが満員で通過、通過で、冬の雨の日など、おんぶしたまま冷えきったうえに、遅刻してしまうということもありました。

女教師がいのちの誕生、発展、消滅にかかわり、いのちの一部でなく、存在全体にたずさわりつつ学校教育にかかわるのはたいへん意味があると考えるようになりました。受験競争や管理教育の広がりのなかで、「いのち育て」の視点こそ教育を救い得るし、現象的に対立している母親と女教師も、この視点でこそ本当の連帯ができると思うようになりました。

子どもとつくる学びの楽しさ

小学校の教員は一年に少なくとも一〇〇〇時間くらいの授業をしています。大変な時間数です。しかし、そのなかで満足のできる授業というのは、残念ながら以外と少ないものです。私の数少ない満足できる授業の一つに「えんぴつのできるまで」がありました。授業が楽しくて、楽しくて、クラス中の子が、未知のことを知る楽しさや、自分の頭で考えていく楽しさにわきかえっている感じがしました。また、授業というものが、何かを覚えたり、わかったことをテストして終わりという学習ではなく、学んだことが子どもたちの生活と結びついていかされていく、自分の感じ方、考え方を豊かにしていくものとなっていました。

「えんぴつができるまで」の授業に初めて取り組んだのは、一九七二年です。成績競争の激化のなかで、その流れに抗する「ものつくり」の授業が意欲的に始められたころでした。まだ総合学習など全くしていなかった時代です。パン・うどん・豆腐を作る、つむぐ・織る・染める・編むなど手の作業、土器を作る、鉄を作るなど、子どもたちが身体を通してものを認識し、また作り出す過程での発見や興味関心の深まりに魅せられ、私も積極的に行いました。

でも、「えんぴつができるまで」は、鉛筆を作ったのではなく、ものを認識し、社会を認識する力をつちかうため新しい角度で取り組みました。骨格は、一本の鉛筆がどのようにできていくものかを想像し、工場を見学し、いったい何人の人の手がかかっているのか考えるというものです。ほんの数人でできると思っていた子どもたちに、大変な驚きを与えました。材料の黒鉛や粘土、木を切り出す人、車で運ぶ人など網の目のようにつながり合っている社会的生産労働に目を向けたのですが、子どもたちは、機械を使う人のみならず、機械を作る人、その工場を作る人、その工場のトイレを作る人、トイレのタイルを作る人などと、長いつながりがいくらでもあることを発見し、これからはものを大事にしようと自発的に思い、働く人への見方を変えていきました。

遠山啓先生からは、私が思ってもみなかったご指摘をいただきました。

「これは大事な平和教育だ。鉛筆一本でさえ、日本は外国から原料を輸入しないとできない。私たちの生活に必要なものは、外国の人の力に依存して作られている。日本は外国と仲よくして生きていかなければ生きていけない国だということを認識することが、理性的に、科学的に日本の在り方を考えるのにかかせないから」

一九七三年に、広島の母が他界して父が一人になり、これを機会に子どものためにもいいので広島で暮らそうということになりました。しかし、オイルショックで夫の会社の方針が変わり、広島の生活はたった一年で終わらざるを得ませんでしたが、新しい授業をつくり出したり、学校の裏山で給食を食べたり、とても楽しい一年でした。

とりわけ、毎朝、子どもが折り紙を教えてくれる「折り紙先生」は、折り紙の得意な子どもが一日一つ、みんなに教えるところから始まりました。そのうち、おもしろくなってきた子たちが、「私もやらせて」「ぼくもやりたい」と先生に立候補し、創作した折り紙も登場するようになっていきました。今度は、その子の考えた折り紙にみんなが感動して、一枚の折り紙から無限の世界が広がるようでした。

ある日、六年生のクラスから「折り紙、教えて」とお願いがあり、三年生が出かけて教えたというきっかけから、全校生を招待して「折り紙まつり」を開催するという行事に発展しました。特別教室のまん中には巨大な折り鶴が羽をひろげ、壁面にはさまざまな折り方と作品が並び、「折り紙教えます」コーナーでは、三年生たちが、机の前に来たお客さんの「これ教えて」というものをいっしょに作るのです。当日は一年生から六年生、教員や校長先生までたくさんの人たちが来てくれ、子どもたちは「まるでデパートの特売り場だ」と言いながら、うれしそうにしていました。創造的な遊びの成果でした。

東京に戻っての職場は新設校で、校庭は砂利の山、水道も飲める状態になるまで水筒持参、という状況でした。この学校でも、日本中をおおっていた競争原理の教育・能力主義に対抗しつつ、学びを子どもとともにつくり出そうとしていたのですが、ここで自分がまだまだだという衝撃を受けることがありました。

養護学校義務化の前で、「障がいをもった子と地域でともに歩む教育」を掲げてやってきた職場でした。私は授業でうまくいかず、自閉症の子がみんなのノートにくしゃくしゃと書いたり、板書を消してしまったりするのです。

ある日、講演会を聞きにいって、そういう時どうしたらいいかと質問しました。「ほんとに受け入れられていると本人が感じていたら、そんなことしませんよ。自分も仲間に入れてほしいというサインですよ」と言われ、ハッとしました。みんなが取り組んでいることに取り組んでほしいと思うあまりに、困ったなあと思っている自分がいて、本人からすれば、受け入れられてはいなかったと気がついたのです。それから、視点を変え、授業を変え、その子と楽しく、子どもたちともいい関係で学校生活が送れるようになっていきました。

学校は子どもが原点

そんな教員生活のなかで、次に出会ったのが登校拒否です。しかもそれはわが家でまず経験することになりました。第三章「登校拒否から見えてきたこと」を読んでいただきたいのですが、学校をどう考えるか、学校の教員とは何か、学校教育とは何かを突きつけられました。

まず私は、子どもが原点と考え、子どもとともにやってきたつもりでしたが、全然違うと思わされました。子ども側から子どもの気持ちで見ていなかった、一人ひとりの子どもはもっと別のことを感じていたかもしれない、熱心であればあるほど、子どもはノーが言えなかったかもしれないと思いました。管理と競争の教育に反対で、教員としてはとても自由度の高い教室実践をやり、評価も割合が決まっている相対評価をなくし、業者テストではなく、自分の授業がどのくらい子どもに理解されたかを見るためのテストで、自分で作成しました。子どもには文章評価で記述してもらい、保護者には、評価の基本は自己評価だということをわかってもらいました。

しかし本音のところ、子どもはどう感じていたのだろうと思いました。子どもにとっては学校に行かなければならないという学校生活ですから、「楽しい」と言ってくれても、来る、来ないが自由だったら、来ない子どももけっこういたかもしれません。

それに子どもの登校拒否初期には、学校の教員としての体面が気になっていましたし、「うちの子どもが登校拒否で、学校へ行っていません」と言えませんでした。近所の人たちも、私が教員で、子どもが家にいるのは知っていたと思うので、顔を合わせるのがいやでした。そこで遠くのスーパーまで行ったこともありました。

でもそういう問題ではなかったのです。子どもが、精いっぱい心や身体で拒否している学校というものの本質を感じ、少しでもいやすい環境にしていかなければ、そこで働いている人間としては申し訳ないわけです。ですから私は、子どもから見て圧力と感じることやいやだと思うことを、遠慮せずに職員会議で発言したり、仲間を作って研究会をやったりしました。一年生から六年生まで、黄色い帽子を被らせようと校長が提案した時も、わが子の顔が浮かんで、必死に反対しました。

その校長のもとで、ある日とんでもないことが起こり、教師を辞めようかというきっかけの一つになりました。白バイに追いかけられたオートバイが逃げた際、三月まで担任した五年生の男の子を跳ねて死亡させました。翌朝校長は、朝の職員打ち合わせで、「白バイのことなどでよけいなことを言わないように、マスコミやPTAなどの質問は、教員は受けてはならず、校長に聞くように」と口封じをしたのでした。そのためしばらくは正しい報道はされませんでした。

クラスの子たちとは友人の死を前にして、いのちについて考え合う時間となり、「今から亡くなった場所へ行ってお祈りしたい」と希望したので、校長に「外出してきます」と伝えにいきました。すると校長は「ちょっと来なさい」と私をカギ型校舎の曲がり角の廊下に立たせ、「右の教室を見なさい」「左の教室を見なさい」と指をさし、「どの教室にあなたのようにさわいでいるところがありますか。みなきちんと決まった時間割をこなしている。今、奥地学級は何の教科かね？」

「算数です」

「それなら算数をやってなさい。外出は許さん」と言い放ちました。

子どものいのちより算数かと、がっくりきた私をなぐさめたのは、すでに靴をはいていた子どもたちで、わけを言うと「いいよ、いいよ。なら放課後に行こうよ」と言ってくれました。放課後に行ったのはいうまでもありませんが、この経験は子どものいのちより、決められた授業を教えることが大事という学校の本質を象徴的に表しており、自分もまたその片棒をかついでいる、それでいいのかという問いと、学校をよくするスピードより子どもが追いつめられる方が速いと感じていました。親の会をやるようになって、学校外の居場所が必要だと考えたのがその頃です。

学校の外から学校を変えようと思いました。「学校絶対の価値観を相対化して、登校拒否の子どもたちとともに居場所・学びの場をつくりたい、学校の内で学校を変えようと取り組んでいる人は多いけれど、学校の外で子どもを受けとめる人は誰もいない」とよく論争しました。

また、教員を辞めて居場所をつくろうと考えていた頃、「自由の森小学校」を千葉につくらないかという話がありました。私は自由の森開校にも共鳴、協力していたこともあり、管理教育いっぱいの千葉につくるのは「楽しい私立小学校ができるだろうな」と思いましたが、「いい学校をつくる」ことではなく、学校以外に子どもの育つ場をつくることが目的だったので断りました。これは、わが子の登校拒否を経験して、渡辺位さんや希望会と出会い、「登校拒否を考える会」の活動を始めていた私にとって、そこが命題と思いました。いい学校をつくりたい、でもそのいい学校が絶対化していて、行かれないと苦しむ子どもが出ては意味がありません。

一九八五年二月、校長に三月いっぱいでの退職を申し出た時、校長は「オレのせいじゃないよな」と言いました。「半分はそうです」と返事をしました。そして東京シューレの場になる雑居ビルの一室を借り、四月から「ＯＫハウス」なるサロンを始めました。自由の森中学校・高等学校も同時に始まりました。東京シューレのオープンは六月ですが、詳細は第二章で述べています。

Ⅱ　フリースクールから生まれた学校

不登校を対象とした新しいタイプの学校

　フリースクールを開設して二十二年たった時、私は再び、学校づくりを担うことになります。「東京シューレ葛飾中学校」です。学校種でいえば、中学校です。ほかの私立と違うのは入学対象が不登校という珍しい私立中学校です。

　きっかけは、二〇〇二年十月、時の小泉内閣が掲げた構造改革特区です。その頃、私たちが力を入れていたのは通学定期問題でした。小中学校は一九九三年より適用されるようになっていましたが、高等部はまだであり、活動を始めてすでに九年、国会議員に陳情したり、文科省に要請に行ったりしていました。

　ある時、国会議員から「奥地さんたちのやろうとしていることは、教育特区を使った方が早いかもしれない」という電話がかかってきました。私たちは初めて特区に目を向け、調べて検討を重ね、フリースクールの内容で正規の公教育の場がつくれる可能性を感じました。

まず、教育特区の二つの要件は、使えそうだと思いました。

一つは「校地・校舎の自己所有要件の緩和」です。普通、学校をつくるには、東京都内で約五〇億円必要と言われています。正規の教育機関として通用させる場をつくるためとはいえ、私たちにそのようなお金はありません。でも今、学校は少子化の影響で統廃合がすすみ、使わない校舎がたくさん出ています。しかし法律では、学校をつくる法人が自分で校地・校舎を持っていないと認可されないようになっていました。特区として認められれば、そこを規制緩和して借りてやってもいいというわけですから、市民にとっては、自分たちがつくりたい学びの場をつくるチャンスでした。

でも、いくら場所が確保できても、内容が子どもにそぐわなければ、子どもたちは見向きもしないでしょう。ところが教育特区ではもう一つ、要件が示されました。二つめは「学習指導要領の緩和」です。

これまで、全国どこの学校も、学習指導要領の教育課程にしばられています。私はこれが自由になったらどんなにいいだろう、子どもや地域に合わせて教育ができるのに、と感じて来ました。テスト競争が可能になるのも、日本中が学習指導要領一本にもとづく教育になっているからで、それぞれが多様であれば、テストの点数で比べられないのではないか、とも考えていました。不登校の子どもたちが来るところが、従来の学校と同じ教育内容では、やはり拒否感や合わなさを感じて、やっぱり行きたいとは思わないだろうな、とも思っていました。だから

「学習指導要領の緩和」は重要であり、これなくして子ども中心の教育づくりはあり得ないと思いました。文科省へは「不登校児童生徒を対象とした新しいタイプの学校の設置による教育課程の弾力化」を提案しました。

海外においてはフリースクールの卒業が社会的に認められ、それは進学にも就職にも通用するし、また公的支援も支出されているところがかなりあり、なかには、家庭で育っているホームエデュケーションの子どもにも、税金から公費の教育費が出ている国もあります。とにかく公費の実現は必要不可欠で、教育特区を活用して、フリースクールの公教育化を考える機運が盛り上がっていきました。また、フリースクールが社会的に意義ある仕事ができているのだから、フリースクールが日本社会において正規の教育機関として通用してほしいと思いました。

学校をつくる意味

私は公的（経済的）支援だけでなく、学校づくりに取り組むもう一つの意味があると思っていました。子どもたちは登校拒否・不登校になるまでに、こんなにも傷つき、つらい目にあっていていいのかという問題です。数え切れない子どもたちが、恐怖感、不安感でいっぱいになり、ストレスをため、自分を抑え、演じつつ日々を送っています。

学校教育は子どもたちに強いストレスを与えており、いじめやいじわる、からかいなどで、ためたストレスを発散するしかない状況が蔓延しています。いじめにあえば、いや、あい続ければ不登校にもなります。不登校をした方が心身を守れるのです。しかし、教育行政も親も世間も、学校は行くべきものとして、病気でもないのに休むのは認めません。「生き地獄」というほどつらいのに、「休んではならない」と脳にインプットされていれば、楽になるには死ぬしかありません。こうして数多くのいじめ自殺は起きました。

子どもたちは学校に行かなくなるまでに、とても苦しい思いをしてきています。多くは、学校問題であり、学校状況がからんでいると思いますが、家庭によって傷つき、不登校につながっていると感じられることもありました。むしろ、家庭は学校へ行きしぶったり、行かなくなってから、不登校であってはならないと、子どもにとってむごい対応をしていることもあります。学校へ行くことは当たり前だから、むごい対応と感じていない保護者も多いのです。その背景に、学校復帰を前提とする国の不登校政策がありますが、世間の常識を身にまとった保護者は強制的に子どもを登校させようとしたり、登校を期待するので、子どもは苦しさと不信感と不安感でいっぱいの生活となります。

私は長い間、不登校とかかわりながら、学校自体が変わる必要性を感じてきました。学校は、この社会に生まれた子たちが、学び成長していくことを社会から応援され、お金のあるなしに関係なく、自己を伸ばし、知識・技術・感性を磨き、やがて自立して社会の一員になる準備をしていくところです。幸せになるために、教育はあるのです。

フリースクールに来て子どもたちが生き生きし、楽になる、その子のすばらしい力を発揮する——その姿を見て、私は学校もそうなったらいい、もっと変えるべきだと考え、それを周囲の人たちに伝えました。しかし、多くの反応は「フリースクールだからできるのよ」「学校は無理よ」「学校はそういうところよ」というものでした。そう思うことで、学校を変えることをあきらめることになってはいないでしょうか。少ないとはいえ、楽しい、おもしろい、安心できる、子どもが好きな学校はあります。

学校は諸刃の刃という面もあって、国家の出先機関として、国家社会の求める人づくりの役割を果たせられる面もあります。しかし子どもの基本的人権の尊重と、一人ひとりの子どもの未来をできるだけ幸せなものにしたいという、親・市民の信託に応えなければなりません。いや、できるだけ子ども・親が学校づくりをともに担い、市民がつくる学校を実現させなければならないと思います。

ですから、学校や教育を変えたいという思いを抱き続けてきた三〇年でもありました。不登校は、なぜこんなに子どもを傷つける学校教育が放置されているのだという問いを、学校や社会に突きつけてきたことでもあると思います。おそらく、教育関係者からは、放っておいたわけではない、日々努力しているという答えが返ってくるでしょう。しかし、なぜ子どもが楽にならないのでしょうか。こんなに傷ついて不登校になるのでしょうか。もしかしたら努力の方向が違うのではないでしょうか。

大人がよかれと思っても、子どもには違った答えがあるものです。いや、大人に合わせた答えしか返ってこない場合もあります。また、わざと反発している場合もあります。子どもの本当の声を聞きながら、学校をつくり変えたいと、傷ついている子どもたちに会うたび、考えました。そして本当に、子どもが安心して集うことができ、信頼して他者とかかわり、楽しく学び、一人ひとりの主体が育ち、子どもが主人公の学校をつくることによって、学校が変わるのではないかと思ってきました。

日本の教育を少しずつ変えたいという思いが深くあっての、学校づくりへのスタートでもありました。

私たちの活動は内閣府や自治体への提案と進み、東京都葛飾区から「学校法人なら受けてもよい」という返事があり具体的になっていきました。

学校法人の認可を東京都から受けるためのさまざまなハードルをクリアして、二〇〇六年十一月に交付、二〇〇七年四月に「学校法人東京シューレ葛飾中学校」が開校しました。

この間の東京シューレ葛飾中学校の設立については、拙著『子どもをいちばん大切にする学校』に過程から結果までくわしく記していますので、お読みいただければと思います。

子ども参加の学校づくり

　東京シューレ葛飾中学校は、ＪＲ総武線新小岩駅から歩いて十分ほどのところにあります。改札を出て南口に降り立つと、広めのロータリーの向こう側にアーケードの商店街がありま す。昔と変わらず今も活気に満ちています。商店街を南に抜け、左側にあるバス道路を横切って住宅街のなかに学校があります。

　ここは以前、葛飾区立松南小学校と呼ばれ、一九六三年四月、私の教員生活はこの学校からスタートしました。

　時が流れ、自分の子どもの不登校を経験し、フリースクールを開設して二十二年目の二〇〇七年に、市民の手による新しいタイプの学校として、ＮＰＯ法人東京シューレが母体となって誕生しました。シューレ中学の設立は特区制度を活用して葛飾区との連携で実現したのですが、東京都より学校法人の認可を受け、文部科学省から独自カリキュラムの申請を認められた私立中学校です。

フリースクールではできなかった卒業資格を賦与でき、すでに八年間で三五〇人の卒業生が巣立っています。定員は一二〇人、四ホームあります。ホーム（クラス）は異年齢で構成されています。どのホームにも一年生も二年生も三年生もいます。これは、フリースクールが日常的に異年齢で活動したり、学びや遊びをしている良さを、いかしています。

先生と呼ばない

教員は常勤十四名、非常勤六名、そのほかにボランティアの協力もあります。シューレ中学では教員のことを「先生」と呼ばないのも、大きい特徴の一つです。教員や職員など学校にいる大人を全員「スタッフ」と言っています。そして子どもたちは名前にさんをつけて呼んだり、愛称で呼んだりします。私は「奥地さん」だったり「ドドちゃん」だったりします。奥地圭子の「圭」は土（ド）が二つだからです。「先生」と呼ぶと堅苦しく、大人が上で、子どもが下という感じがして、言うことをきかないといけない、許可を得ないといけないという感覚を受けがちですが、名前や愛称の方が、人間どうしという感じがして、親しみやすいと子どもたちは言います。シューレ中学のスタッフは子どもとの信頼感を何より大事にしていて、子どもたちも近づきやすい、話しやすいと言ってくれています。職員室をスタッフルームと呼びますが、スタッフルームはいつも子どもがいます。

子どもとつくる

シューレ中学は「子どもが創る」学校です。スタッフからすれば「子どもと創る」学校です。子どもが主役であり、子どもが主人公です。学校は、教師や親や教育委員会や文科省が主役で、子どもは指示通りに従い、決められたことをこなしていく場であってはなりません。

そのためには、どうしたらいいのでしょうか。

子どもの声をよく聞き、子どもの気持や意思を尊重し、一緒に考えていくことが欠かせません。また、子ども観をどう持つか、子どもにどんなまなざしを向けるのか、子どもとどうかかわっていくかも重要です。

さて、子ども中心の教育を実現するために、どのような仕組みをつくっているかを述べていきます。

まず、各ホームでの「ミーティング」です。行事の相談、お出かけ企画などホームで取り組みたいこと、やりたいこと、困っていること、起こった問題、そのほか何でも、誰もが議題を持ち込めます。

次に、全体ミーティング（全ホームミーティング）も開かれます。

さらに、各ホームからの子ども代表が集まる「学校運営会議」が、月一回開かれます。学校運営会議は、子どもだけでなく、保護者代表、スタッフ代表も参加して、三者で構成する会議で最高決議機関です。修学旅行の行き先をどうするか、文化祭の実施方法、全員に関係する生活上の問題などが議題になります。

そういえば、掃除の時間はスタッフ案では夕方でしたが、学校運営会議で昼休みになりました。ホームで出されたことが持ち込まれたり、また運営会議で出されたことをホームに持ち帰って討議したり、意見を聞いてまた持ち寄ったりします。

また、重要な役割を果たしているのが「実行委員会」です。周年祭、夏のキャンプ、秋の修学旅行や文化祭、年末お楽しみ会、卒業式にあたる旅立ち祭などは、子どもの実行委員会がつくられ、やりたい子が参加します。企画、広報、準備、係の分担、当日の進行などを進め、それをやり終えるととっても達成感があるようで、いい経験をしたという充実感が味わえています。

ゆっくりリズムの生活

一日の学校生活はどのように進められているのでしょうか。

一般に中学校は学習指導要領によって、年間授業時数が九八〇時間とされていますが、シューレ中学は七七〇時間にしています。文科省に「不登校児童生徒等を対象とした特別の教育課程の編成」を申請して承認されているからです。私は自分が教員をやっている頃から授業が多すぎると感じ、一日四時間くらいにして、たっぷりやりたいことや運動ができるといいと思っていました。午前二時間、午後二時間、朝はゆっくり始まり、昼休みはたっぷりあって、放課後は好きなことがじっくりできる時間が生まれました。

朝のゆっくり開始は、朝が苦手な子、昼夜逆転ぎみの子、遠方から通っている子、外出に時間のかかる子などの子どもたちにはとても助かります。九時四〇分登校ですが、このくらいだとラッシュの通勤電車を避けることもできます。

一人ひとりに合わせた授業

授業はどのように行っているでしょうか。

まず、ホーム別で行う授業と学年別で行う授業があります。先述したように、異年齢構成を生かした基礎クラスのホームで、全部の学習が進められないかという案もありましたが、発達段階や理解力、また高校進学なども考えると、年齢を越えて一緒にやれるものは家庭・技術、美術、音楽、体育などで、英語、数学、日本語などは学年別が進めやすいだろうということになりました。また社会、理科は、はじめはホーム別で授業を行っていましたが、やりにくいことが多く、社会は二年目から、理科は四年目から学年別にしています。

それぞれの授業を進めるなかでもっともやりにくい点は、学力差が大変大きいことです。いつから不登校したか、不登校中の学習補充がどうだったかによって、学習したことがない内容があったり、学習したけれど身についていない内容があるなどいろいろでした。

そのことは、開校前から予測していたことなので、スタッフ体制を厚くし、個別対応を多くできるように考え、学年別授業には、教科担任以外にサポートスタッフを二人つけ、一つの授業に三人の配置としました。その体制をとることにより、たとえば、中学二年の数学では小学校の復習グループ、中学校の一年程度を学習するグループ、中二の該当内容を学習するグループと三グループに分かれ、教科担任が統括して進めることができます。

ホーム別で行っている家庭科や美術、体育なども、スタッフを複数配置としました。しかし、さまざまな子どものニーズに対応するため、実習などの内容によっては、三人体制をとることにしました。学力差以外にも大きい問題は、学習したいけれど集団に入れない子、学習をしたくない子、「する、する」とは言っても、実際は続かないなどの子にどう対応するかがあります。個人学習に応じたり、授業に参加しない子とつきあったりするスタッフが必要でした。

このようなスタッフ配置の細かい部分については、毎朝のスタッフミーティングで、今日は誰がどこにつくかの体制を確認して、一日を始めます。スタッフも出張や休暇、保護者面談、家庭訪問、研修などで不在になることがあるので、朝のミーティングでの配置確認は欠かせません。

体験学習のいろいろタイム

カリキュラムにおけるもう一つの特徴は、体験学習、総合学習にあたる「いろいろタイム」でしょう。

シューレ中学では、学びについて広くとらえる考え方をしています。数学、英語、日本語などの教科学習も、もちろん大切です。しかし、ものづくり、行事づくり、仕事体験、ようこそ先輩など、一見、学習をしているとは見えない取り組みを通して、実際に子どもたちはとても大きく成長します。

この「いろいろタイム」は、フリースクールで長い間経験してきた活動で、シューレ中学でも取り入れました。文科省にカリキュラムの指定申請を提出する時、それが認められるかどうか心配しましたが、「子どもがつくる学校」の目玉の一つであり、また不登校の子どもたちにとって他者とともに何かを作る経験不足を補う意義も強調し、承認されました。

シューレ中学の不登校への取り組み

シューレ中学は、不登校の子どもを対象とした私立中学校です。不登校の子どもたちは一般に、学ぶ場や機会が失われ、未来への希望を失っていたり、孤立感や罪悪感、ひけ目に苦しんでいる子が多いと言えます。子どもたちに寄り添い、安心感や自信を回復（または獲得）してもらい、学ぶ権利を保障し、自立に向けての成長支援をする場として、開校しました。

もっと言えば、不登校の子どもの、不登校の子どもによる、不登校の子どものための学校であり、不登校を経験した子ども、不登校ぎみの子ども、通学してはいるが、所属学校が自分の個性に合わなくて苦しんでいる子どもを受け入れる学校です。なかには、「発達障がい」と診断されたり、病院に通院中であったりする子どももいます。

この学校は、準備段階のとき、行政より「不登校対象の学校であり、だからこそ結果的には廃校も活用でき、学習指導要領も緩和されるわけです」と説明を受け、その条件を生かす学校づくりを考えました。

不登校ということが入学要件になるため、選考時の書類には、本人や親に志望理由など書いていただくシートのほかに、在籍する学校から不登校を証明する書類をいただきます。つまり、欠席日数が年間三〇日以上を不登校と文科省は規定していますから、その確認がいるのです。

ではこのシューレ中学では、不登校支援のために、どんな仕組みと考え方を持っているでしょうか。

まず、不登校はだめなことで、不登校した自分は弱い、劣っている、心の病にかかっている、などといった否定的な考えを持っている子どもが多く、これを変え、自己肯定感を育てていくことが基本的に重要です。

その具体的な取り組みとしては、先述したホーム、スタッフ体制、子ども中心の活動、子どもに合わせた授業、体験学習のプログラム、ゆったりした学校生活などがあり、それ以外に不登校経験者などの話を聞く「ようこそ先輩」、「進路支援」、「保護者の理解をすすめる」「マイペースで通う」「休むことは悪いことではないという認識を育てる」「フリースクールとの交流」などを意識的にすすめています。

また、「学習の記録」という通知票も、休んでいる子が自責感を強めないように、点数評価ではなく、自己評価とスタッフによる文章評価にしています。出欠欄にも工夫があり、出席、欠席という表示でなく「学校に通った日数」「家で過ごした日数」としています。

当然ながら、シューレ中学に入ったらどの子も一〇〇パーセント登校するようになるとは考えられないことで、六〜七割の子は通ってきますが、在宅の子やときどき通う子は二〜三割います。

つまりシューレ中学にも不登校の子どもがいるのです。その主として家にいる子の支援についてはかなり充実してきました。スクールソーシャルワーカーによる家庭訪問、学習支援、お出かけ企画、ホームスクール通信発行、ホームスクール親懇談会、そして文科省制度の「IT等の活用による出席認定」の実施など行っています。

こういった活動をしている部門を「ホームスクール部門」と呼び、その子どもに合った支援をしています。私たちは、家庭にいたら成長できないと考えるのではなく、家庭でも成長して学べることはいろいろあると肯定的にとらえ、広い学習観を持つことによって、コンプレックスでなく、自信を持ってもらいたいと思っています。

進学についての質問をたくさん受けましたが、卒業生の八〜九割は高校や専門学校へ進学、そのなかには、ホームスクール部門の子どもも入っています。むしろ好きな絵やデザインのセンスを磨くなど、進路選択が本人の望むように実現した子どもがかなりいます。

私たちは子ども中心の教育を子ども、保護者、スタッフ三者でつくろうとしています。子ども中心の教育とは、子どもが自治的に活動する活発なイメージが強いですが、一人ひとりに寄り添い、個性を大切に、個別性の高い多様な教育支援を行うことも含まれます。

ほかの学校に行けなくなった子どもが、シューレ中学ではなぜ来れるのか、そもそも学校とは何なのか、今、どんな教育が求められているのかをいっしょに考えていきたいと考えています。

シューレ中学校の八年が過ぎて

現在、シューレ中学は九年目を迎えています。創り続ける学校として、一年ごとに振り返り、来年はここを変えようと、スタッフ全員で話し合い、変えてきました。でも、変化がいいとは限らないことも、やってみてよくわかりました。変化についていけない、変化を望んでいない、変化で混乱するという子どもたちもいるからです。従来のやり方をそのままやるにしても、変えるにしても原点は子どもです。子どもがどう感じるか、居やすくなるのか、居にくくなるのか、自信が持てるようになるのか、不安が大きくならないか、常に考え合っての今があります。

毎年スタッフは、分野ごとに担当して、部厚い一年間の活動報告書を作ってきました。いつかこの実践記録を、子ども中心の教育の価値がわかっている研究者の手で分析していただくと、たくさんの宝物が詰まっていることが判明するだろうと思っていますが、今はシューレ中学の現在を大づかみにお知らせするしかありません。

定員一二〇名、不登校が入学要件の、子どもがつくる、子どもとつくる私立中学校というのは開校以来いささかも変わりません。ホームが四つあり、どのホームにも一年、二年、三年がいて、異年齢の子どもで構成されています。ホームミーティングが毎週あり、子ども、親、スタッフからなる学校運営会議に議題が出され、ここが最高決議機関になっているのも開校時と同じです。

開校時と違うのは、実行委員会がとても活発になってきていることでしょう。五周年イベントの頃からでしょうか。

五周年祭は形式ばったものではなく、やりたいことをやりたいと実行委員会で出たアイデアで、五メートルの超長いロールケーキを体育館の真ん中で、横並びになって「せーの」で作り上げることに挑戦しました。見事に成功！　子どもたちが各テーブルのお客さんにせっせと切っては運んだのが楽しそうでした。またその日に、校庭に大ぜいの子どもたちや保護者、市民がいっしょに五〇五個の風船を手に持っていて、実行委員の女の子の放送による指示で⑤の形に並び、「では飛ばして下さい」の合図で、いっせいに空を飛んで行った色とりどりの風船が夢のようでした。ロゴマークを募集して、決定したり、オリジナルソングができたり、大人が講演会を聞いている間、子どもは外で、フリースクールの鉄道マニアたちが一年半かけて作った本物の十分の一のミニトレインに乗って楽しんでいました。

シューレ中学では、学校行事の大半は、子ども実行委員会で心をこめてつくります。はじまりの会、修学旅行、文化祭、お楽しみ会、旅立祭などですが、どの行事の実行委員会も五周年祭の頃からは、実行委員をやる子が少なくて困るということがなくなりました。

校長室のことを「おくちルーム」と、名札を子どもが付けてくれましたが、おくちルームで行う実行委員会があふれるほどに集まるようになってきました。いつも昼休みがたっぷりあるので、その時間を使ってのランチミーティングになり、楽しい時間でもあるのです。

二〇一二年には、大津のいじめ自殺が社会問題化した時、NHK番組の「探検バクモン」がシューレ中学にやってきたのです。いじめがほとんどない学校って、どんな学校だ、探検しようという設定でした。バクモンのみなさんが学校に来た時は昼休みで、おくちルームで修学旅行の実行委員会をやっていました。玄関で迎えたのはもちろん委員ではなく、爆笑問題に興味のある子どもたちが十五、六人です。バクモンが「奥地さんを探せ」と指令を出すと、子どもたちは「ここだよ」と、二階のおくちルームに大田さんと田中さんを連れて来たのです。

実行委員会のメンバーは事前の知らせで、来校を知っていました。突然子どもたちが「奥地さん、座っている場所を替わって、T君のところへ行って。同じ緑の服を着ているから、バクモンが来て、奥地さんは？　と言ったらみんなＴ君を指すんだよ、さ、早く」と言い出し、私とＴ君は大急ぎで場所を替わりました。Ｔ君がお誕生席になりました。とたん、ドアが開きました。太田さんが「奥地さんはどこだ？」と聞くと、子どもたちはいっせいにＴ君を指して「あそこ！」と答えました。太田さんは一瞬まにうけて「えっきみなの？　ここは子どもが校長なの」と驚いてくれたので、大爆笑。とてもリラックスした雰囲気で取材がスタートしました。

この日校内を案内していると、爆笑問題は子どもたちから話を聞いていました。いじめ自殺ストップの動画を配信しているフリースクールの高等部の子どもたちと、爆笑問題、尾木直樹さん、ほかの芸能人も入って座談会も行われました。それは「爆笑問題と考える・いじめという怪物」（集英社新書）に収録されています。

シューレ中学だけでなく、フリースクールでもいじめは本当に少ないのです。にわとりを狭いゲージに入れると、お互いに突っつき合うけれど、庭で平飼いしているとのんびりそれぞれがエサをつっついて平和でいるように、子どもを抑圧的環境で育てると、いじめは発生しやすくなり、フリースクールのように人間性が解放され、一人ひとりの気持ちや個性を受けとめている環境では、あまりいじめは起きないと私は考えています。

現在のシューレ中学は毎日通ってきて、しっかりと全プログラムに出ている子、毎日通ってくるが、授業によっては出ないで、図書室やデコボコルームで過ごしている子、主として個人学習室で過ごし、そこのスタッフと相談して、何曜日の何は出席するが、この教科は出席しない（できない）ので、もの作りをやる、などマイコースを選択してやっている子、ホームスクールコースを選び、在宅中心で学んでいる子、週二日コースを選んでいる子など多様です。そして、それは時に変更されます。

大切なのは保護者の在り方です。保護者が子どもの「今」を理解せず、親が考える子どものあるべき姿を期待して、圧力をかけると、子どもは本当につらくなり、自責感や自己否定感は強まり、ゲーム漬けになるしかありません。シューレ中学では保護者会を毎月行い、私はスタッフとともに全員の保護者と面談をします。保護者が希望すれば学習会を行うなど、保護者と私たちの相互理解を深めてきました。子どものことで何かあると、個人面談もよくやります。親からでもスタッフからでも声をかけていいのです。そしていっしょに考えます。親も今までつらい思いをしてきた方が多いので、せめてこの学校は、親にとっても居場所であってほしいと願っています。

私は子ども、保護者の信頼は厚いと感じています。いちばんジーンとくるのは、毎年の旅立祭での、卒業生の一人ひとことです。みんなの前に立つことを無理と言っていた子や、卒業証書はもらうけれど自分はしゃべらないと言っていた子まで、誰もが思いにあふれて、ありのままを飾らずに話してくれます。子どもの見事な成長力と、この学校をやってきてよかった、と思う瞬間です。

それぞれの旅立ち

フリースクールが創り出した学校なんて、ちゃんと進学できるのだろうか、不登校だった子どもが自立できるのか、という疑問を持つ方がいます。不登校やフリースクールへのイメージがそうさせるのでしょう。

だからこそ、実際を知ってほしいと思います。

東京シューレ葛飾中学校の卒業生の八割から九割は高校へ進学しています。すでに八年たったのですが、その傾向は変わりません。それを伝えた時、すかさずくる質問が「続いているんでしょうか」です。私たちの考え方は「選択したものが合わない、ということはあるので、絶対そこじゃないと、と思わず再選択したらいい」と言っていますが、実際はほとんどの子どもが続いています。それはおそらく、進路選択に無理がないからで、体面や親の期待のため決めるのではなく、保護者にも子どもの気持ちや意思を大事にしてほしいと伝え、いっしょに考えてきたからでもあると思います。今は、高校も多様化して、都立チャレンジスクール、定時制、通信制、単位制など選ぶ子が多いのですが、都立全日制高校へ進学後、京都大学へ進学した子もいるし、海外の高校や大学へ留学した子もいるし、五年制の高等専門学校に行き、今では洋上で働いている人もいます。馬が好きで、馬事学校へ行き、今や高校三年、寮長をやりながら、新入生に馬のことを教えている子もいます。調理の専門学校に行き、今では外国の貴賓客も来る高級レストランで働いている子、高校が合わないと、中卒後は牧場で働き二年半、今では空港のアイスクリーム店の店長をしている女性もいます。サッカーをやりたくて進学、サッカーの専門店で働きつつ、サッカーをやっている女性もいます。

フリースクール的学びは、本人の個性や興味を大事にするので、それを卒業後も大事にして生きているなあ、と思える子が多く、うれしいことです。また、シューレ中で実行委員会など、子どもで決めながら自分たちで創っていく楽しさを仕事に生かしたいと、大学でも積極的に活動、就職活動の姿勢も一貫していた若者がいます。シューレ中には毎日来ますが、授業にはいつも欠席という子が、高校では大変な意欲で積極的に学習し、大学で法律を学ぶようになった学生は「あの三年間があって今がある、あれは僕の充電期間だったんだと思う」と言っています。彼の夢は、教員免許を取ってシューレ中に戻ってくることだそうです。

こう見ると、シューレ中での子ども中心の学び、育ちの在り方は、進路づくりにも生きているると思います。まだ苦しく、ゆっくり時間をかけないと楽になれないなという子どももいます。とても傷付いてきた場合、それは当然で、いっしょに考えながらやっていきます。

フリースクールの方は、三十周年記念に発行する「OBOG１００人インタビュー」をご一読下さい。子どもたちのすばらしさがそれぞれの生き方、考え方のなかから伝わってくると思います。

終章

未来へ

「フリースクール等に関する検討会議」の現場から

二〇一四年十二月に実施予定だったフリースクール支援に関する有識者会議は、暮れの急な選挙で開かれず、実際の出発は二〇一五年が明けて、一月三十日に開催されました。

会議名は「フリースクール等に関する検討会議」で、十四名の委員で構成されうち四名はフリースクールの現場をやってきたメンバーでした。これまでで初のことで、高く評価されることでした。NPO法人トイボックスの白井さん、川崎フリースペース「えん」の西野さん、NPO法人楠の木学園の武藤さん、それに私です。あとは教育委員会、児童相談所、適応指導センター、県教育庁、大学学長、大学教員、臨床心理士、教育ジャーナリストなどのみなさんです。座長は政策研究大学院大学の永井順国さんに決まりました。

座長からは、この会議では従来とは違う視点で不登校の問題を検討したいこと、議論が複雑になり過ぎないよう、まずは義務教育段階の不登校の子どもへの支援を中心に検討したい、とのあいさつがありました。事務局より、論点例について基本的な考え方、学校外の学習現状、その問題点、学習支援の在り方、経済面での支援、国や自治体の体制、義務教育との関係などが説明されました。私は挙手して「中卒以上の子どもへの検討予定」と「フリースクール等の〝等〟にはシュタイナー他いろいろ含まれていること」を確認しました。

そこへ下村文科大臣が来られ、川崎の「えん」を視察した感想と「これまで国はフリースクールに対して何もしてこなかったに等しい、六月に中間まとめ、年度末に最終報告というスケジュールのなか、まず中間まとめまで大きな方向性を出してほしい」と話されました。そしてダボス会議に出席してきた感想として「どの国も今までの学校制度では通用しない時代が来ており、日本もその国々から参考にされるような制度を作っていきたい。そのためには今ある課題に対応しつつ、今の小学生が大人になる二十年後の社会を見すえてやっていく必要がある。一方で親たちは、自身の子ども時代である二十年前の成功体験をもとに、現状をどうにかしてほしいという期待があり、あわせて四十年のギャップがある。そのようなギャップがあるなか議論を尽くすことも大切だが、そのため何も決まらないのでは意味がない。タイムリミットがあるなかで議論をお願いしたい」と話され、それには賛同の気持ちを持ちました。

本当に、諸外国もまた時代の変化で、十九世紀、二十世紀型の学校は合わなくなっている、そのなかでも日本は、国の運営する学校教育のみが正統であり、多様な教育が認められない点が遅れているのではないかと思っていた私には、大臣がそう考え、この会議を進めようとしているのは好感が持てました。

一回目は、フリースクールを理解・把握してから自由討議とのことで、十~十五分ずつ、奥地、白井、西野、武藤が、どんな活動をしているかの事例発表をして、質疑、討論となりました。私は、直接国に対して現場の意見が言えるこの機会はとても貴重だと思っていました。言えることはとにかくなるべく述べておくこと、記録に残されるという思いから、あまり遠慮せずに発言しました。挙手しても自分が指名されるとは限りませんし、論点も動いていくので考えていることが言えないこともありましたが、次のことは発言しました。

「一人ひとりの学ぶ権利を保障することを土台に考えること、支援によってフリスクールの多様性、独自性が疎外されないようにすること、不登校の子どもたちが自己肯定感を持つためには、学ぶ場が学校と対等に選べるしくみを法律でつくること、そしてフリースクールが公的に支援されることを社会が納得するためには、フリースクール側も相互認証しつつ、質の担保をするアクレディテーション機関などのしくみも必要と思う」などです。

ほかの委員からは発達障がいの子の受け入れ、子どもの貧困の問題、公設民営、運営の厳しさ、学校との連携などが出ました。

いよいよ始まった緊張の三時間でした。これから新しく創るのだ、という気概を感じました。傍聴の人もマスコミもいっぱい来ていました。

「フリースクール等に関する検討会議」の第二回は、二月二十七日に開催され、福岡県教育庁、京都と長野の教育委員会、仙台市適応指導センター、スクールソーシャルワーカーが事例を発表して、質疑、自由討論になりました。個別計画、個別訪問、学校復帰なども問題をどうとらえるか、適応指導教室をどう考えたらいいのか、フリースクールの卒業資格をどうするのか、二重籍問題の解消、研修や人材育成、休息の権利、最善の利益で考える、などなど多岐にわたり意見交換をしました。座長が最後に、「合宿でもやらなければ足りないほどの議論が出ました」と発言したほどでした。

この内容とは別に気になることがあって、「二月十八日にフリースクール等議員連盟があり、議員立法の話があったので、そことこの会議の関係をどう考えたらいいのか」と質問しました。事務局は「まだ結論の出ていることではなく、それぞれで自由に討論を進めてほしい」と答えました。二通りで検討が進み始めたのです。

第三回会議は、三月二十六日に開催され、スクールソーシャルワーカー、茅ヶ崎市子ども育成部、横浜総合サポートセンターなどが事例発表して、学校外で学ぶ子どもとSSWのかかわり、外国籍の子どもとのかかわり、要保護児童とのかかわり、虐待とのかかわり、などが討議されました。私は児童相談所の安否確認では、不登校の子どもに負担になる場合もあるので、考慮すべきと発言しました。個別作成支援計画は、そのもとになっている情報共有について、本人の合意はとれているか、学習支援の在り方なども討議されました。

自由討議もかなり時間が取れるようになり、私は次のような発言をしました。

「経済的支援も一人ひとりへの支援とし、ホームエデュケーション家庭も含めたい、フリースクールは代理受領ができるようにしてほしい。それだけでは足りないので運営補助も別途必要、また、公設民営、事業委託、適応指導教室の民間委託も考えられる。

経済的支援の主体は身近な市町村がやるのが望ましく、それを県や国が応援する。二重籍問題解決のためには、親の教育上の義務をフリースクールで果たせるしくみにする必要がある。子どもはそれまでに傷ついているので、教育委員会、市町村の窓口になる人は多様な学びを理解し、研修を受けて養成された人が配置されるのがいい」

ずいぶんまとまって話せたような印象でした。

第四回の会議では、もう一つの有識者会議である「不登校に関する調査研究協力者会議」と合同で行われました。大きな特徴は、当事者の体験談を委員の方に聞いてもらいたいという要望を私が出していたのが実って、シューレで育って今は大学生、フリースクールりんごの木の保護者、子どもがホームエデュケーションで育って今は大学生になった子の母親、以上の三人に語ってもらいました。事例を多く知ってもらおうと、それぞれが発表する時、事例資料として会議の全委員や傍聴者にも配布しました。そして「不登校に関する調査研究協力者会議」の方からも体験談発表があり、適応指導教室の出身で、今は弁護士になっている青年と、適応指導教室で育った子どもの母親も事例発表しました。

その後、研究者の方からイギリスの教育状況、アメリカの教育状況について報告があり、特にホームエデュケーションの報告が印象に残りました。文科省が、今回の多様の学びなかに、ホームエデュケーションを認知させようとしていることを感じました。この回は質疑があっても、自由討論はありませんでした。合同会議は、どうなるのだろうと興味深々だったマスコミの記者たちも、市民派も拍子抜けしていました。

「超党派フリースクール等議員連盟」の動き

第五回は五月に予定されていましたが、日程が延期になり、まだ開かれていません。なぜなら、「超党派フリースクール等議員連盟」による立法化の準備が進んできたからです。実は、議員連盟は、民主党政権の時にできたものの、仕分け問題、東日本大震災などで、なかなか議連が開催できず、そのうちに選挙になり、自民党に政権が変わってしまいました。そしてメンバーの大部分が落選したため解散になっていました。

しかし、旧議連に「フリースクールからの政策提言」を持参した時、馳議員から「どんなことを考えているのか骨子案を出して下さい」と言われ、第一章で述べたように、新法研究会をつくり、案を検討し、日本フリースクール大会にかけ、多様性を実現する会をつくり、各方面の意見を聞き、練り上げた骨子案を持っていきました。法律の名称も、目的も、「オルタナティブ教育法（仮称）」から「子どもの多様な学びの機会保障法」と変更、「フリースクール機関の応援をするのでなく、一人ひとりの学ぶ権利の保障」と原則をはっきりさせました。しかし、この段階では議員連盟が消滅していたので、提出する場がありませんでした。

二〇一二年、一三年には「不登校なう」の上映会や、いじめ、いじめ自殺の問題、高校無償化にともない、高校に行っていない家庭の税負担が増えたことへの対応で個別に面会した議員はかなりいます。そこで、二〇一四年は一月からロビー活動を始めました。

二月には、社会から支援に足りる場として、私たち自身が質を担保するため「第一回オルタナティブな学び実践交流研究集会」を実施しました。全国から二〇〇名もの参加があり、「新しい普通教育の創造に向けて」と題してリヒテルズ直子さん、汐見稔幸さん、喜多明人さんに講演をお願いしました。

それが終わるとすぐ、今度こその思いで、議連結成を働きかけようと動きました。まず元厚生副大臣で、旧フリースクール議連の事務局長だった小宮山洋子さんに個人的に会い、相談に乗ってもらいました。超多忙な副大臣時代の過酷な生活の疲れがやっと癒えたと話されていましたが、その時に馳さんや林さんに連絡をして下さいました。私たちも理解がありそうな議員に何度も足を運びました。そして二〇一四年六月三日に新しく「超党派フリースクール議員連盟」が立ち上がることになり、設立総会に参加しました。五十名あまりの議員が参加され、フリースクールを応援しよう、多様な学びに賛成という空気でびっくりしました。

その後、七月に教育再生会議の第五次提言で、フリースクール支援の文言が入り、八月に概算要求、九月に文科省にフリースクール担当官の設置、そして総理大臣の視察と進んでいきました。私たちは与野党の議員を問わずに、自分たちが考えてきた骨子案を説明して回りました。馳さんはご自身でも「普通教育支援法（仮称）」のような形で、特に義務教育としての普通教育の保障を熱心に考えていました。夜間中学のことも以前から取り組んでいて、なんとかしていきたい教育課題とお考えでした。

二〇一五年一月、日本フリースクール大会には議員の方々にも参加していただきたかったのですが、選挙のあとの地元滞在のため欠席でしたが、気持ちのこもったメッセージがたくさん届き、会場に掲示させていただきました。この大会には川崎「えん」の西野さん、シュタイナー教育の大阪府立大の吉田さん、文科省から亀田さんを招き、「実現する会」の中村さんも入り、シンポジュウムを開催して多様法について話し合いました。

前述したように、一月末、政府の方では「フリースクール検討会議」が動き出し、議連でも動きが本格化して、二月十八日には第二回総会が開催され、下村文科大臣が前年からみてもぶれないあいさつをされました。そしてこの総会で、立法を目指すと宣言されたのです。

そして五月二十七日、超党派フリースクール議連は夜間中学等義務教育拡充議員連盟と合同総会を開催し、私たち市民側も三十名ほど参加しました。これは重要な会議でした。馳座長試案として、「義務教育の段階における普通教育の多様な機会の確保に関する法律（仮称）試案」略して「多様な教育機会確保法（仮称）」が提案され、立法に向けて活動、二〇一五年度での国会で成立を期することが決定されたからです。

そこで市民も動きました。六月四日には、夜間中学関係者のみなさんが院内集会を開催して大変に盛り上がりました。私たち「フリースクール全国ネット」と「多様な学び保障法を実現する会」が主催して、六月十六日に院内集会を開催、全国から二〇〇名の参加があり、議員の方々も国会開催中にもかかわらず、河村会長、馳幹事長、林事務局長をはじめ、二十人の議員、秘書や代理などを含めると五十名もの出席がありました。

フリースクールに通っている子どもやスタッフ、ホームエデュケーションの親、オルタナティブスクール関係者など、現場からこの法律を是非、実現させてほしいことを議員の方に訴え、次の要請文を会場いっぱいの拍手で採択しました。

資　料

「多様な教育機会確保法（仮称）案」【概要】［座長試案］

（義務教育の段階における普通教育の多様な機会の確保に関する法律案（仮称））

○目的及び基本理念

［目的］

この法律は、様々な事情により義務教育諸学校で普通教育を十分に受けていない子供や学齢を超えた後に義務教育諸学校への就学を希望する者（当該学校での教育を十分に受けずに中学校を卒業した者を含む）がいることを踏まえ、多様な教育機会確保のための施策を総合的に推進することを目的とする。

〔基本理念〕

多様な教育機会確保のための施策は、教育基本法の精神に則り、様々な事情により義務教育諸学校で普通教育を十分に受けていない子供や学齢超過後に就学を希望する者が、年齢又は国籍にかかわらず、義務教育の段階における普通教育を受ける機会を与えられるようにすることを旨として行われなければならない。

○責務

〔国の責務〕

国は、基本理念にのっとり、多様な教育機会確保のための施策を総合的に策定し、及び実施する責務有する。

〔地方公共団体の責務〕

地方公共団体は、基本理念及び基本方針に則り、国と協力しつつ、当該地域の状況に応じた施策を策定し、及び実施する責務を有する。

○基本方針

文部科学大臣は、地方公共団体、民間の団体その他の関係者の意見を聴いた上で、基本方針を定めなければならない。

○学校以外の場で学習する子供の教育の機会の確保

・保護者は、子供の状況等を考慮し、個別学習計画を作成して市町村教育委員会の認定を受けたときは、学校に就学させないで、子供に教育を受けさせることができる。
・市町村教育委員会は、訪問等の方法により子供に対して学習支援を行う。
・当該保護者は、就学義務を履行したものとみなす。
○財政上の措置等
・国及び地方公共団体は、多様な教育機会確保のための施策を推進するために必要な財政上の措置その他の必要な措置を講じるように努めるものとする。

（以上、夜間中学部分は除いて紹介）

資料

多様な教育機会確保法（仮称）の今国会での成立を期す要請文

二〇一五年六月十六日

NPO 法人フリースクール全国ネットワーク

多様な学び保障法を実現する会

去る五月二十七日、「超党派フリースクール等議員連盟」と「夜間中学校等義務教育拡充議員連盟」と合同で総会が開催され、馳座長より多様な教育機会確保法（仮称）の試案が示され、参加議員の了解とともに、立法チームが発足という段階にいたりました。

日本に不登校が増加しはじめて四十年、はじめは、首に縄をつけてでも学校復帰をさせようという対応がなされましたが、それでは苦しい状態に追い詰められる結果になる例も多く、三十年前より学校外の居場所、学び場であるフリースクールが広がり、成長支援がおこなわれるようになりました。学校に行け（か）ないが、フリースクールでは安心、自信を得て、それぞれの個性やペースで元気に育ち、自立していきました。

しかし、フリースクールは、学校外でしたから、公的支援がなく、親はかなり経済的負担に苦しみ、また運営も楽ではありませんでした。その上就学義務の関係で、通わない学校に籍を置く二重籍問題も生じ、そのための混乱やあつれきは、家庭と学校相互の関係にも不信を生じさせ、子どもにも罪悪感も持たせました。

そこで私たちは十数年前から、学校だけでなく、多様な学びを選べ、不利にならないしくみを求めて活動してきました。幸いに超党派フリースクール議連の皆様のご尽力で法案の相談もでき、国会上程の寸前という段階を迎えております。私たちは、この法案に大きく賛同する立場から、今国会の成立を期し、次の事を要請します。

1　この法案の目的及び基本理念は大変良くできており、ひとりひとりの子どもの多様な学びを支援すること、国の責務が明記されたこと、基本方針を定める際、民間団体その他の関係者の意見も聞く、と位置付けられたことなど高く評価しております。なかでも、学校以外の場で学習することが正式に認められようとしていることは、いじめその他様々な事情で不登校となっている子どもとその保護者にとって、学びの場が多様な教育機会の中から選べることになり、子どもの学ぶ権利がより前進すると考えられ、大変歓迎しております。

2　ここでご理解いただきたいのは、不登校の子が学習する学習場所は、座長試案に示された「自宅」、「フリースクール等」、「教育支援センター」だけでなく、サドベリースクール、インターナショナルスクール、自主夜中、外国人学校などさまざまな場所で学んでいるのが実態であり、フリースクール等の「等」に入っているかもしれませんが、多様な学びに線引きできないことをご理解いただきたいと思います。

3　個別学習計画の作成にあたりましては、子どもの意思やニーズが最も尊重され、その子の個性や意欲を伸ばすため、多様性と柔軟性を持った支援としておこなわれること、ひとりひとりの子が安心と信頼を持って、学習計画作成に参加できるようになることを期待しています。したがって個別学習計画を審査する教育支援委員会には、多様な学びのあり方を理解し、支援できる人材の配置をお願いいたします。

4　学習支援に際しても、家庭訪問が定期的に行われる案になっています。確かに虐待などの発見にも必要でありますが、過去の経緯から、子どもや保護者が恐怖感や拒否感を持っている場合には、その他の方法も考えながら幅を持って行われるようにしていただきたいと思います。

5　経済的支援は、今日重要であり、子どもの貧困問題はフリースクールでも直面しており、四苦八苦しつつ、子どもを支えてきました。一人ひとりの子どもが安心して学んでいけるように、学校教育と格差なく行われる支援が望ましいと考えます。ぜひ、具体的な財政措置がなされるよう切望します。

最後になりますが、この法律がひとりひとりの子どもの学ぶ権利を国が保障する形で起案されていることに強く賛同するとともに、これを真に実のあるものにするためには、福祉、その他様々な社会機関、親の会などとも連携し、それぞれの保護者が安心して子どもの学び・育ちにかかわっていけるよう進めていただきたく思います。私たちはこの法律の早期成立を強く望んでおります。議員の皆さんのご尽力をよろしくお願いいたします。

今の国の動きを表すには、出版の日程もギリギリであり、残念ながらここまでです。この本ができる頃には国会上程が可能になっているでしょうか。もし、立法成立となれば、この法律のしくみや運用は、検討会議や文科省で検討されていくことでしょう。

学校しか認められなかったこれまでの教育が、学校以外で学んでも認められ、国として支援されれば、単に不登校を支援することに限らず、日本の教育が大きく変わるでしょう。学校の先生も、学校に来ない、来れない子を無理に戻そうとするのではなく、「いろいろあるよ、あなたに合った方法をいっしょに考えよう」というふうになるのですから、これまでより楽になると思います。

子どもたちがそれぞれの個性に合った形で学びの在り方を選んでやっていける、どんな子にも学ぶ権利が保障される国になるのはすばらしいことです。課題も山積していますが、一つずつ懸念を乗り越え、子どもの最善の利益のためにがんばっていきたいものです。

不登校は問題行動とされてきましたが、日本社会と教育の在り方にたくさんの問題提起をしてきました。そして学習指導要領による学校教育一本でなく多様な教育を実際つくり出し、また、しくみも変え、それがまた、学校教育をも変えていくことになりましょう。

親の価値観や子どもとの関係もフリースクールの中で変わっていったように、新しいしくみがあることで、変わっていくことでしょう。

本来「学ぶ」とは、上から教えこみ成績競争することではなく、子ども自身が持っている興味・関心を大切に、その子の個性、感性や力が引き出されるそんな営みであり、そうであってこそ、子ども時代は幸せになりましょう。多様な学びができる社会こそ豊かな社会だと思います。フリースクールが「教育」を変えていっている、と私は考えています。

おくちけいこ
1941年　東京生まれの広島育ち。横浜国立大学卒業後、22年間公立小学校教師。
1984年　「登校拒否を考える会」開始。
1985年　「東京シューレ」を開設。
その後、「登校拒否・不登校を考える全国ネットワーク」
「フリースクール全国ネットワーク」「全国不登校新聞社」の代表理事。
2007年　学校法人東京シューレ学園 東京シューレ葛飾中学校を開校。
理事長・校長を務める。
2012年　「多様な学び保障法を実現する会」共同代表。
2015年　文部科学省「フリースクール等に関する検討会議」委員に就任。

主な著書
「不登校という生き方—教育の多様化と子どもの権利—」（NHK ブックス）
「僕は僕でよかったんだ」（共著）（小社刊）
「子どもをいちばん大切にする学校」（小社刊）
ほか多数。

フリースクールが「教育」を変える

発行日　2015年7月25日 初版発行
著者　奥地圭子
発行人　小野利和
発行所　東京シューレ出版
〒136-0072
東京都江東区大島7-12-22-713
TEL・FAX　03-5875-4465
ホームページ　http//mediashure.com
E-mail　info@mediashure.com
装丁　藤森瑞樹
DTP　髙橋貞恩（イヌヲ企画）　平井渚　須永祐慈
印刷／製本　モリモト印刷

定価はカバーに印刷してあります。
ISBN 978-4-903192-29-1

フリースクールが「教育」を変える